I0567766

BESTACTIVITYBOOKS.COM

Copyright © 2022 LINGUAS CLASSICS

Tutti i diritti riservati. Nessuna parte di questo libro può essere riprodotta o usata in alcun modo senza il permesso scritto del detentore del copyright, eccetto per l'uso di citazioni in una recensione del libro.

PRIMA EDIZIONE 2022

Illustrazione Grafica Extra: www.freepik.com
Grazie a Alekksall, Starline, Pch.vector, Rawpixel.com, Vectorpocket, Dgim-studio, Upklyak, Macrovector, Stockgiu, Pikisuperstar & Freepik.com Designers

Scoprire i Giochi Gratuiti Online

Disponibile Qui:

BestActivityBooks.com/FREEGAMES

5 CONSIGLI PER INIZIARE

1) COME RISOLVERE LE PAROLE INTRECCIATTE

I puzzle hanno un formato classico:

- Le parole sono nascoste senza spazi o trattini,...
- Orientamento: Le parole possono essere scritte in avanti, indietro, verso l'alto, verso il basso o in diagonale (possono essere invertite).
- Le parole possono sovrapporsi o intersecarsi.

2) APPRENDIMENTO ATTIVO

Accanto ad ogni parola c'è uno spazio per scrivere la traduzione. Per incoraggiare l'apprendimento attivo, un **DIZIONARIO** alla fine di questa edizione vi permetterà di controllare e ampliare le vostre conoscenze. Cerca e scrivi le traduzioni, trovale nel puzzle e aggiungile al tuo vocabolario!

3) SEGNARE LE PAROLE

Puoi inventare il tuo sistema di segni. Forse ne usi già uno? Per esempio, puoi segnare le parole difficili da trovare con una croce, le parole preferite con una stella, le parole nuove con un triangolo, le parole rare con un diamante, e così via.

4) STRUTTURARE L'APPRENDIMENTO

Questa edizione offre un **TACCUINO** alla fine del libro. In vacanza, in viaggio o a casa, puoi organizzare facilmente le tue nuove conoscenze senza bisogno di un secondo quaderno!

5) AVETE FINITO TUTTE LE GRIGLIE?

Nelle ultime pagine di questo libro, nella sezione della **SFIDA FINALE**, troverete un gioco gratuito!

Facile e veloce! Dai un'occhiata alla nostra collezione di libri di attività per il tuo prossimo momento di divertimento e **apprendimento,** a portata di clic!

Trova la tua prossima sfida su:

BestActivityBooks.com/MioProssimoLibro

Ai vostri posti, pronti...Via!

Sapevi che ci sono circa 7.000 lingue diverse nel mondo? Le parole sono preziose.

Amiamo le lingue e abbiamo lavorato duramente per creare libri di altissima qualità. I nostri ingredienti?

Una selezione di argomenti adatti all'apprendimento, tre buone porzioni di intrattenimento, una cucchiaiata di parole difficili e una spolverata di parole rare. Li serviamo con amore e entusiasmo in modo che tu possa risolvere i migliori giochi di parole e divertirti imparando!

La vostra opinione è essenziale. Puoi partecipare attivamente al successo di questo libro lasciandoci un commento. Ci piacerebbe sapere cosa ti è piaciuto di più di questa edizione.

Ecco un link veloce alla pagina dell'ordine:

BestBooksActivity.com/Recensione50

Grazie per il vostro aiuto e buon divertimento!

Tutta la squadra

1 - Salute e Benessere #2

O	D	W	O	D	N	I	E	N	I	E	I	R	H	E
E	N	Y	J	A	U	B	P	K	M	A	S	A	Ż	R
N	K	E	C	H	T	B	C	A	E	T	M	B	C	W
E	V	Y	A	P	Y	S	V	L	F	E	M	O	G	A
R	A	Z	J	L	T	O	Y	O	C	I	D	R	W	G
G	Z	B	C	Z	E	O	H	R	C	D	G	O	J	A
I	D	I	K	A	P	R	F	I	W	I	T	H	U	N
A	R	V	E	E	A	P	G	A	F	K	A	C	E	E
N	O	P	F	F	I	I	J	I	E	H	R	Ł	O	I
I	W	J	N	G	M	Y	W	W	A	Ł	F	E	O	G
M	Y	F	I	K	O	S	Z	P	I	T	A	L	W	I
A	J	I	Y	N	T	S	X	T	J	R	T	Q	E	H
T	I	P	A	Y	A	K	Y	T	E	N	E	G	L	Q
I	O	W	E	I	N	A	I	W	Y	Ż	D	O	Q	H
W	E	N	D	X	A	T	R	A	W	I	E	N	I	E

ALERGIA
ANATOMIA
APETYT
KALORIA
CIAŁO
DIETA
TRAWIENIE
ODWODNIENIE
ENERGIA
GENETYKA
HIGIENA
INFEKCJA
CHOROBA
MASAŻ
ODŻYWIANIE
SZPITAL
WAGA
KREW
ZDROWY
WITAMINA

2 - Aggettivi #2

T	Z	X	T	Q	T	D	H	P	S	M	F	I	X	I
X	D	L	D	G	W	R	H	R	M	I	I	K	E	N
W	R	A	R	D	Ó	A	P	O	N	F	L	C	U	T
J	O	W	I	Q	R	M	M	D	R	K	G	N	I	E
Y	W	W	C	O	C	A	G	U	N	J	E	A	Y	R
N	Y	E	P	O	Z	T	O	K	O	A	I	G	N	E
Z	B	Ł	O	O	Y	Y	R	T	W	H	K	E	W	S
C	Z	Y	S	T	Y	C	Ą	Y	Y	Q	D	L	A	U
Y	S	N	N	M	V	Z	C	W	W	Y	O	E	Ł	J
T	U	O	Ł	M	R	N	Y	N	D	O	Ł	G	S	Ą
N	C	Ł	O	X	U	Y	O	Y	E	A	S	J	Z	C
E	H	S	Ł	K	X	D	S	P	J	R	E	I	Ł	Y
T	Y	N	A	T	U	R	A	L	N	Y	J	H	P	C
U	N	O	R	M	A	L	N	A	K	B	O	Q	B	O
A	I	R	G	I	B	Y	X	B	E	H	L	A	M	Ł

GŁODNY
SUCHY
AUTENTYCZNY
GORĄCY
TWÓRCZY
OPISOWY
SŁODKIE
DRAMATYCZNY
ELEGANCKI
SŁAWNY

SILNY
INTERESUJĄCY
NATURALNY
NORMALNA
NOWY
DUMNY
PRODUKTYWNY
CZYSTY
SŁONY
ZDROWY

3 - Ingegneria

M	A	R	G	A	I	D	J	W	K	B	D	D	O	S
Y	J	D	Ł	C	V	Ę	E	L	P	C	J	Ź	B	T
N	C	Ł	Ę	I	J	P	Z	B	U	I	C	W	L	A
R	U	A	B	N	M	A	E	X	W	E	U	I	I	B
I	B	R	O	D	B	N	Ł	N	Y	C	I	G	C	I
E	Y	U	K	E	D	L	E	Z	E	Z	O	N	Z	L
O	R	T	O	R	Q	T	L	F	E	R	W	I	E	N
B	T	K	Ś	Ś	O	Y	N	E	Z	H	G	E	Ń	O
R	S	U	Ć	E	S	D	I	E	S	E	L	I	R	Ś
Ó	Y	R	X	U	S	I	B	U	D	O	W	A	A	Ć
T	D	T	B	D	Q	K	L	Q	V	S	R	W	K	R
M	A	S	Z	Y	N	A	E	N	Q	T	I	V	L	L
C	L	P	O	M	I	A	R	Q	I	Ą	V	Ł	G	C
X	A	J	B	B	K	B	K	E	T	K	U	K	A	H
K	L	G	B	E	X	Z	S	C	F	K	U	N	A	J

KĄT
OŚ
OBLICZEŃ
BUDOWA
DIAGRAM
ŚREDNICA
DIESEL
DYSTRYBUCJA
ENERGIA
SIŁA

DŹWIGNIE
CIECZ
MASZYNA
POMIAR
SILNIK
GŁĘBOKOŚĆ
NAPĘD
OBRÓT
STABILNOŚĆ
STRUKTURA

4 - Archeologia

Z	K	A	S	C	Z	Y	H	P	U	B	Y	J	H	Ś
C	A	O	W	B	Y	F	R	V	Y	A	N	L	N	W
W	R	P	Ś	R	Ł	W	L	F	T	D	T	O	S	I
F	E	M	O	C	I	L	I	A	K	A	Y	C	R	Ą
C	O	C	G	M	I	M	F	L	E	C	Ż	E	E	T
N	W	T	C	K	N	T	U	P	I	Z	O	N	L	Y
X	G	M	C	V	V	I	C	P	B	Z	R	A	I	N
A	N	A	L	I	Z	A	A	Y	O	A	A	E	K	I
E	K	S	P	E	R	T	L	N	J	N	T	C	T	A
P	R	O	F	E	S	O	R	A	Y	T	S	D	J	F
P	O	T	O	M	E	K	O	N	V	Y	N	O	B	A
Z	E	S	P	Ó	Ł	N	W	Z	E	K	R	D	Ł	E
V	Ć	Ś	O	Ł	A	I	N	E	I	M	A	K	S	K
E	S	B	E	Q	M	C	E	I	W	O	B	O	R	G
Z	A	G	A	D	K	A	H	N	Q	I	P	J	A	N

ANALIZA
ANTYK
STAROŻYTNY
CYWILIZACJA
ZAPOMNIANY
POTOMEK
ERA
EKSPERT
SKAMIENIAŁOŚĆ
ZAGADKA
OBIEKTY
KOŚCI
PROFESOR
RELIKT
BADACZ
NIEZNANY
ZESPÓŁ
ŚWIĄTYNIA
GROBOWIEC
OCENA

5 - Salute e Benessere #1

E	V	U	S	L	O	U	T	W	U	O	Z	I	J	Z
N	K	H	Y	E	D	F	B	E	I	E	S	B	I	Ł
Q	B	C	V	K	R	R	K	A	R	R	Q	K	N	A
V	X	G	T	A	U	E	L	N	K	A	U	L	T	M
O	B	B	B	R	C	L	I	Y	A	T	P	S	T	A
D	T	W	P	Z	H	A	N	C	P	U	E	I	Ł	N
N	E	R	W	Y	S	K	I	Y	T	U	N	R	A	I
Z	K	I	Ć	Y	Ł	S	K	D	E	A	A	P	I	E
M	I	Ę	Ś	N	I	E	A	E	K	K	W	O	Ł	A
J	P	M	O	O	I	I	D	M	A	T	Y	S	F	V
J	O	C	K	M	S	K	Ó	R	A	Y	K	T	U	K
T	C	Y	O	R	T	Z	Ł	Z	V	W	I	A	B	R
I	G	G	S	O	X	K	G	P	A	N	N	W	Q	J
U	O	B	Y	H	U	N	L	T	J	Y	B	A	U	U
I	J	I	W	L	E	C	Z	E	N	I	E	Ł	Y	J

NAWYK
WYSOKOŚĆ
AKTYWNY
BAKTERIA
KLINIKA
GŁÓD
APTEKA
ZŁAMANIE
MEDYCYNA
LEKARZ

MIĘŚNIE
NERWY
HORMONY
SKÓRA
POSTAWA
ODRUCH
RELAKS
TERAPIA
LECZENIE
WIRUS

6 - Aggettivi #1

M	Ł	N	H	A	R	O	M	A	T	Y	C	Z	N	Y
X	Ł	E	G	Z	O	T	Y	C	Z	N	Y	G	G	W
F	J	O	A	M	B	I	T	N	Y	R	L	C	F	I
Y	C	Z	D	X	R	U	P	V	T	L	K	W	T	C
Y	L	W	K	Y	Y	N	T	U	L	O	S	B	A	Z
N	Ż	E	T	Y	N	Z	C	Y	T	N	E	D	I	C
S	Z	U	E	C	Z	A	I	Ł	N	Z	I	K	O	U
E	J	L	D	H	C	U	K	Q	D	Ł	G	X	G	P
Z	W	F	C	G	Y	K	N	T	Z	F	U	C	R	O
C	E	N	N	Y	T	M	E	J	Y	V	Ł	X	O	W
O	A	K	N	N	S	H	I	C	R	W	D	Q	M	O
W	A	A	K	J	Y	R	C	O	V	T	N	W	N	L
O	R	T	L	O	T	C	I	Ę	Ż	K	I	Y	Y	I
N	Y	Ł	Ł	H	R	D	O	S	K	O	N	A	Ł	Y
Y	V	M	A	W	A	Ż	N	Y	J	Z	S	N	J	A

AMBITNY
AROMATYCZNY
ARTYSTYCZNY
ABSOLUTNY
AKTYWNY
OGROMNY
EGZOTYCZNY
HOJNY
MŁODY
DUŻY

IDENTYCZNY
WAŻNY
POWOLI
DŁUGIE
NOWOCZESNY
UCZCIWY
DOSKONAŁY
CIĘŻKI
CENNY
CIENKI

7 - Geologia

K	R	O	Y	T	Y	T	K	A	L	A	T	S	E	P
N	O	G	E	J	Z	E	R	Q	Ł	Q	J	K	M	Ł
C	K	N	G	X	V	A	S	Ó	L	D	M	A	B	A
S	K	W	T	W	U	L	K	A	N	S	C	M	E	S
T	Y	L	A	Y	Q	Q	Z	T	I	T	T	I	M	K
A	X	A	A	R	N	Ń	X	O	D	R	G	E	I	O
L	W	R	J	W	C	E	B	R	T	E	W	N	N	W
A	H	O	Z	V	A	I	N	G	O	F	F	I	E	Y
G	N	K	O	S	W	M	F	T	N	A	I	A	R	Ż
M	F	N	R	Ł	T	A	T	F	V	Ł	Y	Ł	A	O
I	U	H	E	F	S	K	W	A	P	Ń	E	O	Ł	U
T	O	A	O	N	R	X	J	K	W	A	S	Ś	Y	Q
Y	J	U	Y	Ł	A	T	Z	S	Y	R	K	Ć	K	E
K	Z	I	Q	I	W	Q	R	G	F	I	H	X	D	I
X	F	H	M	X	F	H	G	L	D	B	X	K	J	M

KWAS
PŁASKOWYŻ
WAPŃ
GROTA
KONTYNENT
KORAL
KRYSZTAŁY
EROZJA
SKAMIENIAŁOŚĆ
GEJZER
LAWA
MINERAŁY
KAMIEŃ
KWARC
SÓL
STALAGMITY
STALAKTYT
WARSTWA
WULKAN
STREFA

8 - Campeggio

L	U	A	X	N	A	K	S	I	Ę	Ż	Y	C	P	J
I	B	T	X	T	D	R	Z	E	W	A	E	G	O	E
N	N	G	G	V	O	C	Ó	O	G	I	E	Ń	L	Z
A	K	R	O	D	G	X	K	G	M	E	C	H	O	I
V	F	M	O	D	Y	M	S	T	F	Z	Y	E	W	O
F	K	R	P	D	Z	Ł	P	I	K	W	K	H	A	R
K	O	B	A	S	R	P	C	M	J	I	A	I	N	O
K	S	M	U	P	P	P	U	A	U	E	P	R	I	E
Z	A	B	A	W	A	H	K	P	I	R	E	W	E	J
T	P	J	K	O	A	C	A	A	N	Z	L	B	T	X
Ł	M	S	A	L	X	O	L	M	D	Ą	U	Y	S	O
Y	O	Ł	B	K	P	X	I	U	A	T	S	B	K	W
T	K	M	I	N	A	M	I	O	T	K	Z	J	H	A
W	G	F	N	I	V	Y	Q	Y	D	S	T	K	B	D
J	Q	X	A	R	U	T	A	N	P	G	N	P	Z	L

DRZEWA
HAMAK
ZWIERZĄT
PRZYGODA
KOMPAS
KABINA
POLOWANIE
KAJAK
KAPELUSZ
LINA
ZABAWA
LAS
OGIEŃ
OWAD
JEZIORO
KSIĘŻYC
MAPA
GÓRA
NATURA
NAMIOT

9 - Tempo

D	Z	K	M	I	E	S	I	Ą	C	Z	V	N	T	Y
E	N	J	N	I	Q	U	D	G	O	I	E	I	C	N
K	O	R	A	U	X	Ł	L	J	N	K	I	G	Ł	J
A	T	U	N	I	M	Q	N	L	D	I	K	P	A	A
D	E	Z	R	P	S	W	K	R	Ó	T	C	E	K	R
A	K	I	I	N	Ł	I	Y	Y	J	J	W	U	A	O
C	N	E	Ć	Ś	O	Ł	Z	S	Y	Z	R	P	L	Z
Q	Z	C	A	Ń	E	I	Z	D	Y	T	H	X	E	C
B	Y	K	Ł	E	S	T	U	L	E	C	I	E	N	W
G	O	D	Z	I	N	A	D	J	Z	B	G	Z	D	N
D	P	S	K	Z	B	Z	M	V	F	K	S	I	A	Z
K	R	A	H	D	J	F	C	V	Ł	Y	J	O	R	M
P	O	Ł	U	D	N	I	E	O	N	A	R	B	Z	T
H	X	L	K	T	V	P	H	M	R	U	Q	Q	W	R
I	Y	H	N	J	W	M	U	D	L	D	N	B	O	E

ROK
ROCZNE
KALENDARZ
DEKADA
PO
PRZYSZŁOŚĆ
DZIEŃ
WCZORAJ
RANO
MIESIĄC
POŁUDNIE
MINUTA
NOC
DZISIAJ
GODZINA
ZEGAR
WKRÓTCE
PRZED
STULECIE
TYDZIEŃ

10 - Astronomia

K	N	P	L	A	N	E	T	A	Y	K	Z	B	A	N
O	O	I	T	M	Q	U	C	M	U	O	O	Ł	S	Ł
B	Q	N	E	N	O	G	Q	F	K	S	D	U	T	D
S	W	R	S	B	M	R	V	P	F	M	I	K	R	B
E	O	M	B	T	O	X	V	Ł	L	O	A	G	O	A
R	P	O	K	S	E	L	E	T	H	S	K	J	N	J
W	K	N	A	B	N	L	X	N	D	S	J	C	A	C
A	S	O	V	O	F	F	A	I	M	E	I	Z	U	A
T	I	R	V	G	J	D	T	C	Ł	E	J	Z	T	T
O	Ę	T	P	G	X	Ł	E	Y	J	G	T	G	A	I
R	Ż	S	L	X	I	Z	I	V	I	A	V	E	Ł	W
I	Y	A	A	K	Y	T	K	A	L	A	G	Z	O	A
U	C	U	A	C	I	W	A	Ł	G	M	Y	K	E	R
M	X	I	A	W	O	N	R	E	P	U	S	Q	F	G
Z	J	W	S	Z	E	C	H	Ś	W	I	A	T	G	B

ASTRONAUTA
ASTRONOM
NIEBO
KOSMOS
KONSTELACJA
GALAKTYKA
GRAWITACJA
KSIĘŻYC
METEOR

MGŁAWICA
OBSERWATORIUM
PLANETA
RAKIETA
SUPERNOWA
TELESKOP
ZIEMIA
WSZECHŚWIAT
ZODIAK

11 - Algebra

F	V	R	S	Ł	K	V	M	D	L	O	F	P	L	M
R	R	P	L	J	S	Y	T	I	S	B	O	S	O	A
Q	Ł	A	I	Z	D	O	P	A	U	S	R	G	I	T
M	M	Q	K	Z	E	R	O	G	P	J	M	U	C	R
Z	K	S	Q	C	H	X	N	R	E	M	U	N	M	Y
N	M	F	N	M	J	F	J	A	D	V	Ł	X	Y	C
S	A	I	H	V	O	A	F	M	A	B	A	C	W	A
W	F	W	E	E	I	N	A	Z	Ą	I	W	Z	O	R
T	J	K	I	N	D	A	Ł	K	Y	W	J	Y	I	V
F	E	V	E	A	N	U	X	Q	K	Y	Q	N	N	W
E	E	U	Z	R	S	A	Q	Y	P	I	G	N	I	H
N	I	E	S	K	O	Ń	C	Z	O	N	Y	I	L	A
F	A	Ł	S	Z	Y	W	E	P	S	E	R	K	Y	W
U	P	R	O	Ś	C	I	Ć	P	R	O	B	L	E	M
R	Ó	W	N	A	N	I	E	S	X	E	S	Q	Z	L

DIAGRAM
PODZIAŁ
RÓWNANIE
WYKŁADNIK
FAŁSZYWE
CZYNNIK
FORMUŁA
FRAKCJA
WYKRES
NIESKOŃCZONY
LINIOWY
MATRYCA
NUMER
NAWIAS
PROBLEM
UPROŚCIĆ
ROZWIĄZANIE
ZMIENNA
ZERO

12 - Mitologia

Z	S	T	W	O	R	Z	E	N	I	E	U	Y	V	G
G	A	K	A	T	A	S	T	R	O	F	A	Ł	K	R
Q	R	Z	B	O	H	A	T	E	R	K	U	B	N	Z
N	V	A	D	Ś	M	I	E	R	T	E	L	N	Y	M
N	Q	D	T	R	Z	E	M	S	T	A	B	A	Y	O
M	E	N	P	J	O	T	Z	I	I	I	M	I	E	T
L	A	E	Ł	M	Ł	Ś	W	O	J	O	W	N	I	K
A	R	G	Y	A	H	C	Ć	Ł	X	R	T	E	N	P
B	U	E	I	J	Ł	B	H	L	S	S	S	Z	A	I
I	T	L	O	C	P	F	N	U	J	F	Ó	R	W	O
R	L	Ł	Y	A	Z	O	G	N	E	D	B	E	O	R
Y	U	J	I	E	Q	N	T	S	I	Ł	A	I	H	U
N	K	M	I	R	L	C	Y	W	M	X	T	W	C	N
T	D	P	U	K	F	K	M	G	Ó	D	J	Ł	A	J
O	E	N	F	P	Y	T	E	H	C	R	A	E	Z	L

ARCHETYP
ZACHOWANIE
STWORZENIE
KREACJA
WIERZENIA
KULTURA
KATASTROFA
BÓSTW
BOHATER
SIŁA
PIORUN
ZAZDROŚĆ
WOJOWNIK
LABIRYNT
LEGENDA
MAGICZNY
ŚMIERTELNY
POTWÓR
GRZMOT
ZEMSTA

13 - Piante

L	R	P	Ł	U	R	P	F	M	B	T	A	I	W	K
I	O	W	Z	V	Y	S	A	L	E	A	R	K	D	V
Ś	S	J	N	Z	C	Z	S	U	L	B	M	A	F	Y
C	N	T	D	Ó	R	G	O	B	I	Ć	P	B	W	N
I	Ą	V	X	N	Q	F	L	N	P	Ś	Q	P	U	A
N	Ć	N	P	Ł	Y	F	A	M	J	O	X	K	N	S
B	O	T	A	N	I	K	A	E	X	N	U	D	Z	U
C	E	T	Q	N	T	E	H	C	P	N	L	D	Q	T
J	A	G	O	D	A	T	U	H	S	I	Ł	G	F	K
H	S	H	Q	Z	O	A	H	R	Y	L	S	V	F	A
W	F	P	J	C	G	Ł	V	J	U	Ś	S	L	E	K
Ł	L	K	W	F	D	P	D	P	N	O	Q	O	Y	C
C	O	W	E	Z	R	D	P	Ó	K	R	Z	A	K	E
V	R	A	D	Y	H	Q	K	O	R	U	A	D	E	C
G	A	N	A	W	Ó	Z	H	Y	P	Ź	Q	T	P	P

DRZEWO
JAGODA
BAMBUS
BOTANIKA
KAKTUS
KRZAK
ROSNĄĆ
BLUSZCZ
TRAWA
FASOLA

NAWÓZ
KWIAT
FLORA
LIŚCI
LAS
OGRÓD
MECH
PŁATEK
ŹRÓDŁO
ROŚLINNOŚĆ

14 - Spezie

L	K	O	P	E	R	W	Ł	O	S	K	I	K	S	Z
U	Ó	K	G	A	L	W	J	Q	M	Q	L	U	G	W
K	F	S	O	Y	Y	B	R	C	O	G	N	R	Ł	M
R	H	N	M	M	H	R	O	Z	B	V	N	K	W	J
E	M	I	C	A	K	Y	R	P	A	P	Z	U	G	F
C	F	R	G	V	K	D	V	A	R	N	Y	M	H	K
J	T	I	O	U	M	N	P	G	A	F	T	A	A	U
A	A	R	D	N	E	L	O	K	C	E	B	U	L	A
N	I	K	Z	R	O	G	Y	M	T	I	T	H	I	S
O	L	C	Z	O	S	N	E	K	A	K	K	W	M	Z
M	I	D	G	H	T	P	W	E	Q	D	Y	F	B	A
A	N	Y	Ż	L	M	W	D	N	Z	O	R	M	I	F
N	A	Q	W	Z	R	P	E	I	P	Ł	R	A	R	R
Y	W	W	S	S	W	Y	Z	M	S	S	U	E	K	A
C	D	L	M	Y	O	P	M	K	E	L	C	T	W	N

CZOSNEK
GORZKI
ANYŻ
CYNAMON
KARDAMON
CEBULA
KOLENDRA
KMINEK
KURKUMA
CURRY
SŁODKIE
KOPER WŁOSKI
SMAK
LUKRECJA
PAPRYKA
PIEPRZ
SÓL
WANILIA
SZAFRAN
IMBIR

15 - Numeri

S	Y	Z	P	W	W	B	D	J	G	A	H	E	O	D
Z	Z	M	A	I	C	Ś	E	I	Z	D	A	W	D	Z
E	R	E	O	I	Ę	U	X	B	B	C	H	V	J	I
R	T	I	S	D	H	T	R	T	S	P	X	H	L	E
O	C	S	W	N	D	G	N	E	A	I	G	G	K	S
S	R	O	Q	E	A	W	D	A	A	Ę	K	K	L	I
Y	I	B	O	D	K	Ś	A	O	Ś	Ć	P	A	R	Ę
Y	J	E	Z	E	J	I	C	I	P	C	Q	Y	Q	Ć
K	Y	O	D	J	H	Ć	Ę	I	W	E	I	Z	D	C
B	W	C	O	E	M	X	J	J	E	S	B	E	S	Z
J	Q	K	W	W	M	X	I	R	C	S	U	C	Z	T
D	W	A	N	A	Ś	C	I	E	T	Z	E	N	I	E
V	G	M	E	I	C	Ś	A	N	R	E	T	Z	C	R
D	Z	I	E	S	I	Ę	T	N	Y	Ś	D	C	M	Y
T	R	Z	Y	N	A	Ś	C	I	E	Ć	Q	S	W	W

PIĘĆ
DZIESIĘTNY
DZIESIĘĆ
DWANAŚCIE
DWA
DZIEWIĘĆ
OSIEM
CZTERNAŚCIE
CZTERY
PIĘTNAŚCIE
SZESNAŚCIE
SZEŚĆ
SIEDEM
TRZY
TRZYNAŚCIE
JEDEN
DWADZIEŚCIA
ZERO

16 - Guida

D	J	Z	D	A	P	S	L	T	M	U	Q	A	T	I
M	A	P	A	U	I	A	J	C	I	L	O	P	R	C
P	I	W	D	T	E	M	C	F	M	K	Z	V	A	R
Ł	O	B	V	O	S	O	Q	I	L	X	W	F	N	I
O	Ł	P	M	B	Z	C	U	W	L	U	T	P	S	H
S	P	E	L	U	Y	H	T	N	C	U	U	C	P	S
T	J	C	L	S	Ł	Ó	U	M	H	F	N	V	O	I
R	C	Y	U	K	E	D	A	P	Y	W	E	O	R	L
O	N	B	L	F	Y	O	K	V	K	V	L	B	T	N
Ż	A	R	A	G	E	C	L	U	M	A	H	Q	M	I
N	I	X	Y	W	O	G	O	R	D	H	C	U	R	K
O	P	A	L	I	W	O	C	T	W	T	G	K	R	Z
Ś	L	I	C	E	N	C	J	A	O	N	A	G	Z	B
Ć	Ś	O	K	D	Ę	R	P	U	J	M	Z	P	K	K
K	I	E	R	O	W	C	A	G	Q	Z	J	G	L	I

OSTROŻNOŚĆ
KIEROWCA
SAMOCHÓD
AUTOBUS
PALIWO
HAMULCE
GARAŻ
GAZ
WYPADEK
LICENCJA
MAPA
MOTOCYKL
SILNIK
PIESZY
POLICJA
ULICA
RUCH DROGOWY
TRANSPORT
TUNEL
PRĘDKOŚĆ

17 - I Media

O	E	J	R	S	J	K	W	F	R	W	H	D	O	I
P	N	Y	B	E	R	O	C	A	E	Z	C	B	V	N
U	J	L	E	Q	Q	M	Y	K	K	D	Q	Y	Ł	T
B	Y	Q	I	N	Y	U	F	T	L	J	E	Z	O	E
L	C	A	N	N	Q	N	R	Y	A	Ę	L	Y	Q	L
I	R	J	A	F	E	I	O	Ł	M	C	H	C	F	E
C	E	C	W	T	O	K	W	P	Y	I	S	U	S	K
Z	M	A	O	L	P	A	Y	F	S	A	R	Ł	Ć	T
N	O	K	S	I	R	C	W	Y	D	A	N	I	E	U
Y	K	U	N	Ł	Z	J	G	A	Z	E	T	Y	I	A
O	I	D	A	R	E	A	O	P	I	N	I	A	S	L
G	S	E	N	P	M	E	N	H	X	O	Q	C	S	N
M	J	F	I	S	Y	N	L	A	K	O	L	H	Q	Y
L	B	D	F	J	S	T	E	L	E	W	I	Z	J	A
E	T	G	K	X	Ł	S	B	M	I	H	Q	L	U	B

KOMERCYJNE
KOMUNIKACJA
CYFROWY
WYDANIE
EDUKACJA
FAKTY
FINANSOWANIE
ZDJĘCIA
GAZETY
PRZEMYSŁ

INTELEKTUALNY
LOKALNY
ONLINE
OPINIA
REKLAMY
PUBLICZNY
RADIO
SIEĆ
TELEWIZJA

18 - Forza e Gravità

M	A	G	N	E	T	Y	Z	M	S	S	A	W	M	D
U	F	I	Z	Y	K	A	W	A	G	A	B	G	E	Y
V	N	C	I	Ś	N	I	E	N	I	E	B	Z	C	N
P	Ł	I	C	Ś	O	W	I	C	Ś	A	Ł	W	H	A
W	W	C	W	O	O	D	K	R	Y	C	I	E	A	M
T	M	U	I	E	R	W	P	Ł	Y	W	A	I	N	I
R	U	C	H	O	R	B	U	L	B	P	J	C	I	C
S	R	V	C	D	X	S	I	J	F	X	S	R	K	Z
R	T	D	G	L	B	B	A	T	X	A	N	A	A	N
L	N	C	C	E	N	P	N	L	A	Q	A	T	Z	Y
S	E	K	Ł	G	C	B	M	R	N	C	P	N	V	C
L	C	Ł	Z	Ł	V	S	W	B	F	Y	S	W	Z	L
D	X	P	Q	O	B	E	P	O	T	R	K	U	C	R
D	Y	K	Ć	Ś	O	K	D	Ę	R	P	E	P	Ł	G
P	Z	H	C	Ć	P	L	A	N	E	T	Y	R	S	Q

OŚ
TARCIE
CENTRUM
DYNAMICZNY
ODLEGŁOŚĆ
EKSPANSJA
FIZYKA
WPŁYW
MAGNETYZM
MECHANIKA

RUCH
ORBITA
WAGA
PLANETY
CIŚNIENIE
WŁAŚCIWOŚCI
ODKRYCIE
CZAS
UNIWERSALNY
PRĘDKOŚĆ

19 - Sport

W	M	J	T	K	O	Q	S	M	Z	Q	L	O	N	K
C	Y	E	G	O	K	V	P	T	D	P	P	D	S	O
C	T	O	T	O	X	S	O	E	R	J	R	Ż	T	Ś
C	U	Ł	L	A	Z	Z	R	I	O	O	O	Y	U	C
M	U	A	N	B	B	U	T	N	W	G	G	W	A	I
B	H	I	F	B	R	O	Y	Ś	I	G	R	I	C	Ł
X	I	C	Z	V	W	Z	L	Ę	E	I	A	A	C	P
Q	O	G	A	G	F	S	Y	I	M	N	M	N	W	Ł
T	A	N	I	E	C	M	K	M	C	G	L	I	D	Y
H	T	C	F	K	Ł	F	C	O	I	Z	B	E	A	W
S	E	Z	D	O	L	N	O	Ś	Ć	A	N	L	C	A
H	L	Y	S	I	Ł	A	Z	K	W	T	Ć	E	L	Ć
Q	T	S	X	D	J	H	T	T	R	E	N	E	R	T
X	A	X	Y	E	C	K	G	H	Q	I	V	E	W	X
K	O	L	A	R	S	T	W	O	L	D	C	E	H	U

TRENER
ATLETA
ZDOLNOŚĆ
KOLARSTWO
CIAŁO
TANIEC
DIETA
SIŁA
JOGGING
WYOLBRZYMIAĆ
METABOLICZNE
MIĘŚNIE
PŁYWAĆ
ODŻYWIANIE
CEL
KOŚCI
PROGRAM
ZDROWIE
SPORTY

20 - Caffè

G	K	C	A	F	G	Q	P	H	X	H	P	P	C	Q
U	I	Z	B	O	W	I	H	R	P	F	I	O	E	Ł
B	H	A	T	Q	X	O	K	E	L	M	F	C	N	Z
C	P	R	Z	D	Y	Q	D	Ł	W	U	X	H	A	Y
F	A	N	I	E	F	O	K	A	Q	W	U	O	J	J
I	I	Y	N	O	Z	C	E	I	P	J	H	D	I	K
T	G	L	E	B	E	A	P	Z	F	D	G	Z	M	V
Q	O	D	T	F	U	P	H	I	N	Z	C	E	I	C
P	Z	S	B	R	X	P	P	F	A	O	Q	N	E	K
F	I	L	I	Ż	A	N	K	A	P	D	C	I	L	W
Z	Ł	K	A	R	O	M	A	T	Ó	M	B	E	I	A
U	Q	X	Z	B	K	K	M	U	J	I	K	U	Ć	Ś
T	Q	X	N	R	Q	U	S	G	J	A	R	Z	E	N
P	V	V	J	R	O	N	A	R	J	N	E	T	U	Y
C	U	K	I	E	R	G	X	B	S	A	M	A	K	V

KWAŚNY
WODA
GORZKI
AROMAT
PIECZONY
NAPÓJ
KOFEINA
KREM
FILTR
SMAK

MLEKO
CIECZ
MIELIĆ
RANO
CZARNY
POCHODZENIE
CENA
FILIŻANKA
ODMIANA
CUKIER

21 - Uccelli

R	N	G	S	U	N	A	K	U	T	O	S	B	D	G
D	T	J	Z	R	A	W	E	M	D	Y	I	N	B	Q
K	D	T	K	U	K	U	Ł	K	A	L	P	A	Z	C
P	I	N	G	W	I	N	E	A	G	P	O	I	F	V
G	N	I	M	A	L	F	Z	Z	U	A	X	C	U	K
C	A	Y	G	Ś	E	M	R	C	P	W	Q	O	B	H
Q	U	G	X	U	P	V	O	R	A	X	U	B	N	U
J	A	S	T	R	Z	Ą	B	U	P	J	A	J	K	O
T	Q	H	Ł	T	G	I	E	K	W	R	Ó	B	E	L
S	Z	C	T	S	Ł	A	B	Ę	D	Ź	Ł	U	H	K
F	M	R	E	E	A	G	Ł	F	L	U	K	N	V	K
I	J	D	I	M	Z	K	A	C	Z	K	A	X	Ł	D
Z	E	Q	K	M	I	W	Ł	V	A	I	S	M	M	Q
T	Ł	U	V	X	G	O	Ł	Ą	B	Y	U	I	T	U
P	U	A	Y	P	O	Q	N	C	G	Ę	Ś	K	D	N

CZAPLA
KACZKA
ORZEŁ
BOCIAN
ŁABĘDŹ
KUKUŁKA
JASTRZĄB
FLAMING
MEWA
GĘŚ
PAPUGA
WRÓBEL
PAW
PELIKAN
GOŁĄB
PINGWIN
KURCZAK
STRUŚ
TUKAN
JAJKO

22 - Giorni e Mesi

K	N	M	O	T	K	G	Q	B	Ń	K	N	Ń	P	W
O	A	S	W	E	Ł	R	M	N	E	A	R	E	O	Q
T	N	M	R	O	F	U	I	B	I	D	U	I	N	Z
K	Y	R	E	R	C	D	D	A	P	O	T	S	I	L
K	W	D	Ł	O	Ą	Z	C	K	R	R	Ł	E	E	S
A	S	I	Z	K	I	I	T	E	E	Ś	L	Z	D	T
L	O	Ł	E	I	S	E	F	R	I	I	T	R	Z	Y
E	B	Y	N	C	E	Ń	R	O	S	P	M	W	I	C
N	O	H	E	E	I	Ń	S	T	U	C	I	Ł	A	Z
D	T	Z	T	I	M	E	B	W	U	B	Z	L	Ł	E
A	A	F	F	W	D	U	Ń	L	Ł	X	O	L	E	Ń
R	K	I	N	R	E	I	Z	D	Ź	A	P	U	K	Y
Z	O	A	L	E	I	Z	D	E	I	N	I	T	X	X
G	Ł	K	K	Z	P	I	Ą	T	E	K	T	Y	J	Y
Y	D	U	X	C	O	K	N	S	V	X	W	M	G	R

SIERPIEŃ
ROK
KWIECIEŃ
KALENDARZ
GRUDZIEŃ
NIEDZIELA
LUTY
STYCZEŃ
CZERWIEC
LIPIEC
PONIEDZIAŁEK
WTOREK
ŚRODA
MIESIĄC
LISTOPAD
PAŹDZIERNIK
SOBOTA
WRZESIEŃ
TYDZIEŃ
PIĄTEK

23 - Casa

C	F	G	Y	K	E	T	O	G	N	E	Z	R	K	S
Ś	C	I	A	N	A	E	G	I	A	N	S	M	O	T
V	M	E	D	H	X	E	R	E	W	R	D	X	M	R
V	I	V	Z	N	D	D	O	D	Y	L	A	L	I	Y
J	O	Ł	E	A	P	V	D	Q	D	N	P	Ż	N	C
J	T	Ł	O	C	I	W	Z	R	D	J	M	Ł	E	H
L	Ł	J	Q	W	X	Y	E	K	Ó	J	A	E	K	Ł
H	A	C	P	Y	E	O	N	E	R	K	L	Z	C	A
Q	E	M	Z	O	J	Q	I	Z	G	A	Q	Y	C	L
S	U	F	I	T	K	B	E	P	O	A	N	F	F	M
L	U	S	T	R	O	Ó	K	U	C	H	N	I	A	A
O	K	N	O	M	I	C	J	K	R	D	H	R	T	U
W	T	Q	R	P	R	Y	S	Z	N	I	C	I	H	E
X	F	B	I	B	L	I	O	T	E	K	A	F	F	D
P	I	Ę	T	R	O	B	Q	H	L	J	D	X	I	I

STRYCH
BIBLIOTEKA
POKÓJ
KOMINEK
KUCHNIA
PRYSZNIC
OKNO
GARAŻ
OGRÓD
LAMPA
ŚCIANA
PIĘTRO
DRZWI
OGRODZENIE
KRAN
MIOTŁA
SUFIT
LUSTRO
DYWAN
DACH

24 - Ristorante #1

K	Q	B	O	Q	D	P	H	E	N	B	M	M	Ż	C
Ł	E	T	D	K	E	Ł	I	I	Ó	E	I	I	Y	Y
C	V	L	U	Ć	S	E	G	K	Ż	L	S	Ę	W	S
G	T	R	N	Ś	E	H	I	T	A	K	K	S	N	O
U	X	N	E	E	R	O	Ł	A	Ł	N	A	O	O	S
U	O	C	M	J	R	I	S	L	R	Y	T	W	Ś	Ł
Q	T	W	B	U	E	K	I	E	E	Ł	H	N	Ć	K
X	Ł	D	H	Z	J	I	A	R	Z	B	G	I	Y	S
U	A	Y	D	C	S	N	I	Z	E	V	A	R	Q	E
K	J	A	M	H	A	D	N	H	R	J	L	I	F	R
E	L	S	T	L	K	A	H	F	W	J	E	U	Y	W
Q	C	P	V	E	I	Ł	C	O	A	M	R	A	Z	E
F	M	H	S	B	X	K	U	A	C	Q	G	I	B	T
P	Q	X	H	D	P	S	K	F	J	K	I	Y	T	K
G	K	U	R	C	Z	A	K	A	A	W	A	K	W	A

ALERGIA
KAWA
KELNERKA
MIĘSO
KASJER
ŻYWNOŚĆ
MISKA
NÓŻ
KUCHNIA
DESER
SKŁADNIKI
JEŚĆ
MENU
CHLEB
TALERZ
PIKANTNY
KURCZAK
REZERWACJA
SOS
SERWETKA

25 - Fantascienza

J	A	T	E	N	A	L	P	V	K	A	H	I	R	R
D	T	T	T	A	J	E	M	N	I	C	Z	Y	K	W
L	Q	A	O	R	Ł	P	P	W	F	O	M	Y	B	Y
K	E	V	L	M	I	D	N	Z	Y	Y	P	N	E	I
D	X	F	Z	Ń	O	C	S	P	T	D	W	J	Ś	M
M	Y	M	M	E	F	W	M	M	F	Q	T	A	W	A
Q	U	S	C	I	O	D	Y	T	O	B	O	R	I	G
H	H	J	T	G	P	R	U	S	W	R	G	K	A	I
K	A	I	G	O	L	O	N	H	C	E	T	S	T	N
W	S	H	S	E	P	N	M	Q	Z	M	W	E	I	O
Y	Q	I	V	T	A	I	N	Z	C	O	R	Y	W	W
B	M	Y	Ą	T	P	K	A	J	Z	U	L	I	A	A
U	Z	U	Y	Ż	J	Y	H	N	Y	Y	D	I	N	N
C	Z	U	J	A	K	Y	T	K	A	L	A	G	Q	Y
H	Z	F	D	P	V	I	U	T	O	P	I	A	S	C

ATOMOWY
KINO
DYSTOPIA
WYBUCH
SKRAJNY
OGIEŃ
GALAKTYKA
ILUZJA
WYIMAGINOWANY
KSIĄŻKI
TAJEMNICZY
ŚWIAT
WYROCZNIA
PLANETA
ROBOTY
TECHNOLOGIA
UTOPIA

26 - Città

D	O	K	S	I	N	T	O	L	S	R	Z	R	Q	S
Z	H	J	Z	Ł	I	U	V	U	U	I	W	J	Z	Ł
Z	K	J	K	N	A	B	D	F	P	A	J	G	P	R
O	G	A	O	E	W	T	A	S	E	T	E	A	T	R
E	M	E	Ł	N	N	H	B	K	R	E	R	I	T	P
B	B	N	A	O	P	Y	Z	L	M	T	W	J	B	I
K	L	I	N	I	K	A	R	E	A	Y	G	A	I	E
M	S	U	A	D	P	Z	A	P	R	S	A	P	B	K
H	U	R	N	A	P	Z	I	I	K	R	W	T	L	A
O	O	Z	O	T	S	B	C	V	E	E	A	E	I	R
M	W	T	E	S	B	O	A	R	T	W	K	K	O	N
O	P	R	E	U	L	O	I	O	I	I	I	A	T	I
Q	P	H	R	L	M	Z	W	B	B	N	N	V	E	A
G	A	L	E	R	I	A	K	L	R	U	O	V	K	F
K	S	I	Ę	G	A	R	N	I	A	A	X	U	A	T

LOTNISKO
BANK
BIBLIOTEKA
KINO
KLINIKA
APTEKA
KWIACIARZ
GALERIA
HOTEL
KSIĘGARNIA

RYNEK
MUZEUM
SKLEP
PIEKARNIA
SZKOŁA
STADION
SUPERMARKET
TEATR
UNIWERSYTET
ZOO

27 - Fattoria #1

P	S	Z	C	Z	O	Ł	A	R	M	N	D	J	D	P
T	O	I	Y	M	F	Q	U	F	I	Y	A	W	B	I
N	A	S	I	O	N	A	K	O	Ó	W	S	L	F	E
K	I	B	D	K	L	Y	M	O	D	R	P	O	D	S
U	N	C	I	Ł	G	E	L	Z	B	I	V	Z	V	O
R	I	I	E	G	Ł	O	I	S	O	G	X	U	R	D
C	W	E	P	V	Z	G	L	Ł	V	K	I	M	K	A
Z	Ś	L	K	O	T	R	O	G	R	C	F	S	X	Ł
A	M	Ę	A	N	N	O	K	X	Y	S	T	A	D	O
K	G	L	U	B	A	D	U	O	Ż	X	U	L	G	C
D	P	F	D	Z	W	Z	A	V	Ń	K	M	Q	V	K
H	F	H	C	U	Ó	E	R	W	J	R	U	M	P	U
S	I	A	N	O	Z	N	C	K	O	Z	A	D	O	W
C	F	O	W	T	C	I	N	L	O	R	P	O	L	E
P	P	L	E	E	L	E	J	W	O	Z	K	Y	H	C

WODA
ROLNICTWO
PSZCZOŁA
OSIOŁ
POLE
PIES
KOZA
KOŃ
NAWÓZ
SIANO

KOT
STADO
ŚWINIA
MIÓD
KROWA
KURCZAK
OGRODZENIE
RYŻ
NASIONA
CIELĘ

28 - Psicologia

R	W	W	E	M	A	D	X	D	Q	K	E	H	C	W
W	F	D	G	E	I	C	U	Z	C	U	O	A	Z	O
L	Z	E	O	X	P	P	O	Z	N	A	N	I	E	C
D	O	Ś	W	I	A	D	C	Z	E	N	I	A	R	E
Ł	K	S	E	R	R	D	H	L	W	P	J	V	Z	N
E	J	C	O	M	E	R	X	S	E	V	O	T	E	A
D	H	S	W	S	T	Z	H	N	I	L	Ś	Y	M	O
G	X	R	L	B	O	K	L	I	N	I	C	Z	N	Y
I	N	Y	M	M	W	B	M	K	A	R	S	J	N	Ł
H	F	X	B	E	Ł	C	O	L	K	U	B	S	C	S
K	O	N	F	L	I	K	T	W	T	M	U	Q	K	Y
B	U	C	B	B	B	Q	W	O	O	X	K	O	L	M
E	Q	O	F	O	G	Q	E	J	P	Ś	L	F	R	O
A	V	B	U	R	G	Ł	T	F	S	X	Ć	C	E	P
W	N	I	E	P	R	Z	Y	T	O	M	N	Y	S	D

SPOTKANIE
KLINICZNY
POZNANIE
KONFLIKT
EGO
EMOCJE
DOŚWIADCZENIA
POMYSŁY
NIEPRZYTOMNY
MYŚLI
OSOBOWOŚĆ
PROBLEM
UCZUCIE
TERAPIA
OCENA

29 - Paesaggi

F	C	Y	D	J	R	L	P	A	Q	I	B	R	T	I
L	E	S	D	P	E	S	Y	W	Ł	Ó	P	Ł	U	L
G	W	Y	S	P	A	Z	Q	R	H	O	A	S	N	Ł
W	Ó	D	P	N	F	V	I	M	J	X	N	H	D	Q
Z	P	R	O	C	E	A	N	O	J	O	I	G	R	C
G	W	E	A	T	S	R	C	K	R	Y	L	Y	A	Z
Ó	Y	Z	I	L	C	Ó	M	I	Ł	O	O	A	K	B
R	O	J	N	N	O	G	O	A	Z	A	D	D	E	Z
Z	C	E	I	W	O	D	O	L	X	I	R	V	Z	A
E	X	G	K	S	A	R	O	N	H	N	U	L	R	H
Z	G	O	S	R	C	S	K	W	Z	Y	G	J	C	V
R	U	B	A	P	L	A	Ż	A	A	T	G	Q	L	B
O	Y	S	J	J	M	X	D	A	P	S	O	D	O	W
M	U	C	R	W	D	N	A	K	L	U	W	E	H	G
Q	K	G	B	Q	H	W	T	Y	X	P	V	S	Z	Z

WODOSPAD
WZGÓRZE
PUSTYNIA
RZEKA
GEJZER
LODOWIEC
JASKINIA
GÓRA LODOWA
WYSPA
JEZIORO

MORZE
GÓRA
OAZA
OCEAN
BAGNO
PÓŁWYSEP
PLAŻA
TUNDRA
DOLINA
WULKAN

30 - Energia

T	E	E	O	I	J	S	D	D	S	V	V	N	B	G
J	U	Z	L	N	I	Ą	Y	J	A	B	H	T	D	Y
V	S	R	H	E	W	J	D	N	I	Q	E	E	S	G
N	Ł	P	B	K	K	G	K	R	P	E	P	N	R	L
Ś	O	R	K	I	R	T	U	Ó	O	W	I	L	A	P
R	Ń	Z	T	Q	N	K	R	D	R	W	N	A	I	I
O	C	E	A	F	O	A	B	O	T	O	Y	I	R	Ł
D	E	M	B	P	T	E	S	W	N	A	W	W	E	W
O	U	Y	E	Ł	O	E	Z	W	E	W	O	A	T	I
W	O	S	N	S	F	S	Q	U	N	E	R	N	A	A
I	R	Ł	G	Z	C	I	E	P	Ł	O	A	D	B	T
S	B	E	N	Z	Y	N	A	N	Z	Z	P	O	C	R
K	I	N	L	I	S	P	U	A	W	Ę	G	I	E	L
O	E	L	E	K	T	R	Y	C	Z	N	Y	I	W	O
O	C	J	A	B	D	I	E	S	E	L	L	Y	Ł	Z

ŚRODOWISKO
BATERIA
BENZYNA
CIEPŁO
WĘGIEL
PALIWO
DIESEL
ELEKTRYCZNY
ELEKTRON
ENTROPIA
FOTON
WODÓR
PRZEMYSŁ
SILNIK
JĄDROWY
ODNAWIALNE
SŁOŃCE
TURBINA
PAROWY
WIATR

31 - Moda

V	S	P	G	T	A	B	C	Q	K	U	D	W	H	W
Ł	K	O	Y	O	D	O	E	Y	X	E	R	Z	A	Y
Y	R	M	E	J	R	C	T	P	A	M	O	Ó	F	G
N	O	I	R	L	J	N	P	S	N	J	G	R	T	O
Z	M	A	R	Ż	E	I	Z	D	O	H	I	B	R	D
C	N	R	J	Q	E	G	A	T	M	P	E	D	O	N
Y	Y	Y	E	C	A	Ł	A	N	I	G	Y	R	O	Y
T	T	Y	V	Z	N	F	F	N	B	R	Z	M	M	D
K	S	C	B	L	I	E	W	W	C	Q	Ł	X	H	U
A	O	L	R	H	N	U	D	S	N	K	I	T	U	B
R	R	R	N	Ł	A	Z	N	N	P	J	I	Z	F	J
P	P	Ł	O	S	K	U	C	E	E	S	T	Y	L	G
P	E	R	P	N	T	T	Q	V	B	T	R	Ł	I	G
T	G	G	O	I	K	T	E	K	S	T	U	R	A	N
C	K	Q	K	A	T	I	K	S	I	C	Y	Z	R	P

ODZIEŻ
BUTIK
DROGI
WYGODNY
ELEGANCKI
POMIARY
WZÓR
SKROMNY
ORYGINAŁ
KORONKI
PRAKTYCZNY
PRZYCISKI
HAFT
PROSTY
STYL
TENDENCJA
TKANINA
TEKSTURA

32 - L'Azienda

P	Ę	T	S	O	P	C	B	R	S	A	A	V	Z	P
Z	R	A	J	C	A	T	N	E	Z	E	R	P	A	R
N	A	Z	M	I	B	R	P	P	F	M	P	V	T	O
S	C	S	Y	B	F	T	K	U	D	O	R	P	R	F
U	I	D	O	C	H	D	D	T	G	Ż	E	T	U	E
T	V	O	Y	B	H	Z	P	A	B	L	Z	N	D	S
Q	E	E	Q	C	Y	Ó	R	C	E	I	B	G	N	J
J	A	K	O	Ś	Ć	O	D	J	F	W	U	J	I	O
S	Y	C	Y	C	C	X	R	A	A	O	Y	W	E	N
Ś	W	I	A	T	O	W	Y	W	A	Ś	U	A	N	A
D	E	C	Y	Z	J	A	G	J	K	Ć	M	M	I	L
B	X	E	I	N	W	E	S	T	Y	C	J	A	E	N
S	M	C	J	Ł	S	Y	M	E	Z	R	P	T	C	Y
T	W	Ó	R	C	Z	Y	P	K	Y	D	N	E	R	T
S	L	E	I	N	E	Z	D	O	R	G	A	N	Y	W

TWÓRCZY
DECYZJA
ŚWIATOWY
PRZEMYSŁ
INWESTYCJA
ZATRUDNIENIE
MOŻLIWOŚĆ
PREZENTACJA
PRODUKT
PROFESJONALNY
POSTĘP
JAKOŚĆ
PRZYCHÓD
REPUTACJA
RYZYKA
ZASOBY
WYNAGRODZENIE
TRENDY

33 - Giardino

O	G	G	L	E	B	A	W	A	R	T	S	J	I	T
G	A	N	I	L	O	P	M	A	R	T	A	A	K	B
R	R	N	P	B	Ł	D	P	R	K	Ł	D	S	K	K
O	A	P	N	J	J	O	N	N	T	M	Ó	Z	W	K
D	Ż	G	E	Y	T	S	A	W	H	C	R	A	I	G
Z	Q	X	A	Y	R	W	T	A	T	E	G	M	A	R
E	X	H	B	K	A	P	A	T	W	A	O	M	T	A
N	I	A	H	M	W	X	P	S	I	C	R	Z	C	B
I	H	M	W	Ł	N	A	O	L	N	R	E	A	Z	I
E	O	A	T	F	I	E	Ł	C	O	X	Y	Q	S	E
V	W	K	M	D	K	A	G	J	R	W	H	Ł	M	Y
F	E	Ą	K	R	Z	A	K	G	O	H	G	J	K	I
K	Z	R	Ż	R	F	Ł	X	M	Ś	S	T	Z	R	D
P	R	H	U	C	A	P	M	H	L	Z	L	J	D	G
H	D	C	Y	Q	O	A	V	Z	M	T	A	M	A	L

DRZEWO
HAMAK
KRZAK
TRAWA
CHWASTY
KWIAT
SAD
GARAŻ
OGRÓD
ŁOPATA
ŁAWKA
TRAWNIK
GRABIE
OGRODZENIE
STAW
GLEBA
TARAS
TRAMPOLINA
WĄŻ
WINOROŚL

34 - Riscaldamento Globale

Ś	Z	M	S	T	T	F	D	O	U	M	P	C	M	A
R	R	R	T	I	S	R	J	I	V	X	R	J	T	R
O	T	P	O	P	U	L	A	C	J	E	Z	Z	V	K
D	E	N	E	R	G	I	A	V	T	N	Y	J	R	T
O	U	B	X	O	H	X	N	S	A	A	S	S	Z	Y
W	S	I	E	D	L	I	S	K	A	D	Z	Q	Ą	C
I	Y	Q	K	K	H	V	C	A	G	H	Ł	T	D	Z
S	Z	A	R	E	T	P	Q	F	A	M	O	G	J	N
K	Y	I	R	V	D	A	R	F	W	D	Ś	Y	A	Y
O	R	Q	T	H	G	O	M	U	U	W	Ć	J	D	Z
M	K	O	L	Z	W	R	H	I	R	O	Z	W	Ó	J
P	O	K	O	L	E	N	I	A	L	T	R	J	Ł	V
P	R	Z	E	M	Y	S	Ł	P	J	K	J	S	P	Y
P	O	S	N	A	U	K	O	W	I	E	C	S	B	Q
K	O	N	S	E	K	W	E	N	C	J	E	N	M	B

ŚRODOWISKO
ARKTYCZNY
UWAGA
KLIMAT
KONSEKWENCJE
KRYZYS
DANE
ENERGIA
PRZYSZŁOŚĆ
GAZ
POKOLENIA
RZĄD
SIEDLISKA
PRZEMYSŁ
TERAZ
POPULACJE
NAUKOWIEC
ROZWÓJ

35 - Frutta

F	B	T	T	B	Z	U	P	I	M	K	I	W	I	B
Ś	L	I	W	K	A	F	A	Y	M	O	Ł	U	G	O
J	A	B	Ł	K	O	C	P	W	B	A	R	M	B	S
C	Y	T	R	Y	N	A	A	M	R	N	N	E	S	U
G	R	U	S	Z	K	A	J	A	Z	Y	A	G	L	C
J	E	Ż	Y	N	A	X	A	L	O	R	N	J	O	A
K	R	Y	U	Ł	Ł	E	A	I	S	A	A	M	W	Q
J	A	W	O	K	A	D	O	N	K	T	B	C	C	I
A	A	J	K	C	D	Q	R	A	W	K	R	Y	U	N
N	Y	G	R	I	T	S	L	I	I	E	N	W	U	P
A	R	Z	O	E	R	Y	K	Z	N	N	O	L	E	M
N	M	H	M	D	V	Ł	O	J	I	N	Z	U	S	M
A	K	T	U	P	A	I	W	Z	A	B	R	Ł	S	Y
S	P	O	M	A	R	A	Ń	C	Z	O	W	Y	F	U
O	N	O	R	G	O	N	I	W	I	Ś	N	I	A	Y

MORELA
ANANAS
POMARAŃCZOWY
AWOKADO
JAGODA
BANAN
WIŚNIA
KIWI
MALINA
CYTRYNA
MANGO
JABŁKO
MELON
JEŻYNA
NEKTARYNA
PAPAJA
GRUSZKA
BRZOSKWINIA
ŚLIWKA
WINOGRONO

36 - Fattoria #2

S	U	S	T	O	D	O	Ł	A	P	I	M	Q	H	Ł
G	J	L	Ł	K	A	Q	N	R	A	K	Z	C	A	K
M	L	E	K	O	S	S	Q	O	S	U	U	O	M	R
Ż	Y	W	N	O	Ś	Ć	A	L	T	J	J	W	A	D
J	X	G	R	V	P	R	N	N	E	W	D	O	L	Z
Z	A	U	Ł	G	O	T	D	I	R	F	M	L	F	Y
W	K	G	S	F	S	X	R	K	Z	W	W	Y	E	Ń
I	Ą	S	N	N	A	W	A	D	N	I	A	N	I	E
E	Ł	V	Q	I	L	W	C	C	W	O	W	C	E	I
R	J	X	E	S	Ę	T	I	N	I	L	A	O	A	M
Z	I	A	W	Ę	A	B	N	B	B	Ą	W	Z	E	Z
Ą	E	T	X	G	Z	J	E	Q	S	V	G	Y	C	C
T	H	N	N	T	V	Ł	Z	J	D	S	S	N	G	Ę
G	S	P	F	P	D	C	S	X	T	F	K	F	I	J
J	K	Z	Q	Q	C	B	P	W	N	P	U	E	F	K

JAGNIĘ
ROLNIK
UL
KACZKA
ZWIERZĄT
ŻYWNOŚĆ
STODOŁA
OWOC
SAD
PSZENICA

NAWADNIANIE
LAMA
MLEKO
GĘSI
JĘCZMIEŃ
PASTERZ
OWCE
ŁĄKA
CIĄGNIK

37 - Verdure

P	C	A	G	T	K	S	E	L	E	R	Z	B	L	J
O	Z	K	Q	R	G	R	O	C	H	I	J	A	L	G
M	O	Z	P	U	Z	Ł	J	K	B	B	H	K	V	U
I	S	S	I	D	R	Y	Z	L	N	M	I	Ł	K	O
D	N	U	V	E	G	J	B	S	Y	I	I	A	L	B
O	E	R	K	L	M	Y	W	G	B	L	D	Ż	L	X
R	K	T	A	A	E	N	A	K	T	O	L	A	Z	S
E	U	E	W	P	R	A	I	N	Y	D	K	N	M	M
W	S	I	C	E	T	C	E	A	K	T	A	Ł	A	S
P	Z	P	V	Z	J	T	Z	X	K	P	N	C	O	K
Q	B	Y	X	R	Ł	I	Z	O	A	C	I	E	G	Z
M	A	R	C	H	E	W	K	A	C	H	P	B	Ó	C
R	Z	O	D	K	I	E	W	K	A	H	Z	U	R	F
B	R	O	K	U	Ł	Y	N	I	B	V	S	L	E	R
E	Z	C	Q	A	T	T	E	H	T	Y	T	A	K	A

CZOSNEK
BROKUŁY
KARCZOCH
MARCHEWKA
OGÓREK
CEBULA
GRZYB
SAŁATKA
BAKŁAŻAN
ZIEMNIAK
GROCH
POMIDOR
PIETRUSZKA
RZEPA
RZODKIEWKA
SZALOTKA
SELER
SZPINAK
IMBIR
DYNIA

38 - Musica

C	Q	U	R	S	P	J	X	V	U	H	X	I	M	N
L	T	R	O	H	I	D	W	K	F	A	Z	N	U	A
A	F	N	O	F	O	R	K	I	M	R	M	S	Z	G
K	L	A	S	Y	C	Z	N	Y	E	M	R	T	Y	R
O	E	G	W	B	V	T	Q	C	L	O	Y	R	K	A
W	O	X	B	P	F	A	W	H	O	N	T	U	R	N
D	X	K	T	U	O	K	X	Ó	D	I	M	M	Y	I
L	Ć	M	L	D	A	E	Z	R	I	A	J	E	T	E
B	A	L	L	A	D	A	T	Y	A	D	X	N	M	M
F	W	A	W	Y	N	Z	C	Y	R	I	L	T	I	U
C	E	A	L	B	U	M	P	A	C	I	X	Y	C	S
P	I	O	S	E	N	K	A	R	Z	K	Q	E	Z	I
Z	P	C	V	J	Y	Ł	Ł	E	I	I	I	K	N	C
Y	Ś	Z	B	Q	L	X	N	P	W	T	X	B	Y	A
N	O	Y	N	Z	C	I	N	O	M	R	A	H	V	L

ALBUM
HARMONIA
HARMONICZNY
BALLADA
PIOSENKARZ
ŚPIEWAĆ
KLASYCZNY
CHÓR
LIRYCZNY
MELODIA
MIKROFON
MUSICAL
MUZYK
OPERA
POETYCKI
NAGRANIE
RYTMICZNY
RYTM
INSTRUMENT
WOKAL

39 - Barbecue

Y	F	O	Z	Q	G	H	H	U	F	A	M	M	B	E
R	K	A	Z	C	R	U	K	D	N	D	O	W	Z	Z
P	K	O	D	O	I	L	A	T	O	I	N	Ł	F	S
K	X	T	B	U	L	Ł	S	P	O	V	B	S	Ł	S
G	B	Q	O	I	L	T	A	W	Y	Z	R	A	W	P
O	W	O	C	U	A	N	I	Z	D	O	R	Ł	X	W
Y	C	Ą	R	O	G	D	S	G	K	T	P	A	V	Z
R	E	I	N	E	Z	S	O	R	P	A	Z	T	W	Y
G	B	S	S	Ż	S	V	S	Z	G	K	R	K	Ż	A
S	U	Y	R	O	D	I	M	O	P	Y	P	I	Y	M
G	L	F	B	N	S	O	X	J	C	Z	E	X	W	S
I	E	V	C	H	M	Q	Q	U	C	U	I	O	N	A
U	S	E	W	O	Ł	T	L	S	Q	M	P	W	O	G
Ł	D	Z	K	I	Q	G	Ł	Ó	D	K	C	P	Ś	A
G	M	X	W	Ł	U	Ł	Z	W	S	K	X	J	Ć	P

GORĄCY
OBIAD
ŻYWNOŚĆ
CEBULE
NOŻE
LATO
GŁÓD
RODZINA
OWOC
GRY
GRILL
SAŁATKI
ZAPROSZENIE
MUZYKA
PIEPRZ
KURCZAK
POMIDORY
SÓL
SOS
WARZYWA

40 - Riempire

K	H	Q	Q	L	X	M	E	M	L	I	F	E	V	F
M	O	G	H	U	B	G	Q	O	Q	D	X	M	N	M
K	Z	S	B	E	C	Z	K	A	B	R	O	T	S	C
J	T	I	Z	R	L	P	A	I	N	Y	Z	R	K	S
X	S	Z	M	E	L	G	U	B	R	N	O	Z	A	W
S	Z	R	W	D	E	A	F	D	Ń	M	A	V	Q	O
J	U	W	A	L	I	Z	K	A	E	Ł	S	W	R	V
Q	F	N	K	O	N	S	Ł	T	Z	Ł	X	Z	Ł	C
E	L	C	L	F	Y	M	B	R	S	L	K	C	B	M
R	A	D	E	Ł	Z	B	E	E	E	G	O	O	O	M
D	D	E	T	A	C	O	A	P	I	T	B	D	S	L
Z	A	F	U	F	A	D	C	O	K	R	Y	M	Z	Ł
Ł	B	I	B	Ł	N	P	A	K	I	E	T	G	L	Q
K	Ł	M	H	K	A	R	T	O	N	T	G	X	K	H
W	I	A	D	R	O	B	A	S	E	N	R	U	R	A

BASEN
BECZKA
TORBA
BUTELKA
KOPERTA
FOLDER
KARTON
SKRZYNIA
SZUFLADA
KOSZ
NACZYNIE
PAKIET
PUDEŁKO
WIADRO
KIESZEŃ
RURA
WALIZKA
WANNA
WAZON
TACA

41 - Insetti

C	V	V	O	R	A	M	O	K	M	Ł	S	K	S	L
B	H	Y	W	F	F	S	O	T	Z	Y	Z	G	T	H
I	K	R	L	V	L	Z	H	C	U	L	A	R	A	K
E	A	O	Z	Ł	M	Y	K	G	P	B	R	N	M	H
D	B	P	N	Ą	M	C	N	T	K	P	A	Ł	Ć	C
R	O	C	L	I	S	A	U	S	N	J	Ń	Ł	P	J
O	R	H	X	W	K	Z	A	Ł	O	Z	C	Z	S	P
N	L	Ł	G	X	Y	P	C	K	F	A	Z	M	S	T
K	A	A	J	B	L	U	O	Z	Ż	D	A	F	Z	E
A	R	S	Q	Z	Y	Q	J	L	V	A	K	J	E	R
N	W	O	T	L	X	L	Q	Ł	N	K	W	M	R	M
O	A	K	Z	S	I	L	D	O	M	Y	Ó	O	S	I
F	N	X	A	D	B	C	E	H	X	C	R	T	Z	T
H	R	V	V	M	J	I	W	E	S	Ł	M	Y	E	Z
Y	M	Q	K	Ł	O	B	B	O	Z	R	R	L	Ń	S

MSZYCA
PSZCZOŁA
SZERSZEŃ
KONIK POLNY
CYKADA
BIEDRONKA
CHRZĄSZCZ
ĆMA
MOTYL
MRÓWKA
LARWA
WAŻKA
SZARAŃCZA
MODLISZKA
PCHŁA
KARALUCH
TERMIT
ROBAK
OSA
KOMAR

42 - Fisica

F	G	R	A	W	I	T	A	C	J	A	P	H	G	C
O	E	L	E	K	T	R	O	N	K	I	T	X	T	V
R	C	H	E	M	I	C	Z	N	Y	E	T	G	M	Y
M	T	K	V	T	T	Ć	K	C	X	Ł	Q	G	B	Y
U	D	H	I	E	A	B	Ś	C	W	Q	K	D	F	N
Ł	J	Ą	D	R	O	W	Y	O	Ł	S	R	S	G	L
A	S	O	A	H	C	Z	Ą	S	T	E	C	Z	K	A
C	P	R	Ę	D	K	O	Ś	Ć	L	S	G	A	I	S
Z	E	K	S	P	A	N	S	J	A	T	Ę	G	N	R
Ą	L	Ć	Ś	O	N	D	Ę	L	G	Z	W	G	L	E
S	X	A	K	I	N	A	H	C	E	M	D	I	I	W
T	O	O	M	U	E	Q	J	M	K	S	J	M	S	I
K	Ć	Ś	O	W	I	L	T	O	T	S	Ę	Z	C	N
A	S	A	C	W	M	Z	Y	T	E	N	G	A	M	U
L	Q	V	U	U	Z	O	K	A	Ł	G	D	H	X	G

ATOM
CHAOS
CHEMICZNY
GĘSTOŚĆ
ELEKTRON
EKSPANSJA
FORMUŁA
CZĘSTOTLIWOŚĆ
GAZ
GRAWITACJA
MAGNETYZM
MECHANIKA
CZĄSTECZKA
SILNIK
JĄDROWY
CZĄSTKA
WZGLĘDNOŚĆ
UNIWERSALNY
ZMIENNA
PRĘDKOŚĆ

43 - Agronomia

S	S	D	L	A	Z	B	B	U	V	K	S	W	L	I
W	Y	B	O	R	O	H	C	A	B	E	L	G	K	D
I	J	S	H	N	S	F	I	Ł	D	I	T	A	X	E
E	M	D	T	S	O	R	Z	W	O	A	A	N	A	N
J	E	X	Z	E	I	N	A	D	A	B	N	O	J	T
S	Z	O	B	F	M	C	S	X	B	O	M	I	B	Y
K	Z	K	G	R	Y	Y	K	W	F	M	Ł	S	A	F
I	X	S	Z	U	Ż	Y	W	N	O	Ś	Ć	A	Ł	I
X	Z	I	E	K	O	L	O	G	I	A	F	N	I	K
Z	Ó	W	A	N	P	R	O	D	U	K	C	J	A	A
U	T	O	E	R	O	Z	J	A	T	N	W	M	C	C
U	A	D	T	D	O	W	T	A	F	H	A	E	S	J
C	W	O	D	A	I	G	R	E	N	E	F	U	E	A
X	C	R	O	R	G	A	N	I	C	Z	N	Y	K	K
X	U	Ś	R	O	L	N	I	C	T	W	O	A	F	A

WODA
ROLNICTWO
ŚRODOWISKO
ŻYWNOŚĆ
WZROST
EKOLOGIA
ENERGIA
EROZJA
NAWÓZ
IDENTYFIKACJA
CHOROBY
ORGANICZNY
PRODUKCJA
BADANIA
WIEJSKI
NAUKA
NASIONA
SYSTEMY
BADANIE
GLEBA

44 - Erboristeria

C	O	I	H	F	V	Ć	Q	C	O	H	Q	M	K	B
A	F	L	Ł	R	Y	X	Ś	Z	F	O	W	I	U	T
Y	N	Z	C	Y	T	A	M	O	R	A	C	Ę	L	Y
Ł	M	G	A	Q	S	Z	K	S	K	F	Z	T	I	M
V	D	Q	Ł	M	V	Y	P	N	I	A	G	A	N	I
O	W	Ó	Ł	U	E	R	Y	E	N	K	J	D	A	A
E	S	T	R	A	G	O	N	K	D	Z	U	N	R	N
X	O	Ł	A	G	S	N	O	S	A	S	K	E	N	E
K	O	P	E	R	O	A	L	Z	Ł	U	I	W	Y	K
R	V	I	B	K	Y	G	E	A	K	R	I	A	E	L
C	I	Y	Ł	Q	Z	E	I	F	S	T	U	L	R	D
R	M	V	D	E	P	R	Z	R	D	E	A	X	E	X
N	Y	R	A	M	Z	O	R	A	O	I	Q	I	Ł	N
B	A	Z	Y	L	I	A	B	N	J	P	M	Ł	W	O
K	O	P	E	R	W	Ł	O	S	K	I	O	E	B	K

CZOSNEK
KOPER
AROMATYCZNY
BAZYLIA
KULINARNY
ESTRAGON
KOPER WŁOSKI
KWIAT
OGRÓD
SKŁADNIK
LAWENDA
MIĘTA
OREGANO
PIETRUSZKA
JAKOŚĆ
ROZMARYN
TYMIANEK
ZIELONY
SZAFRAN

45 - Danza

W	W	M	Q	W	K	A	K	Y	Z	U	M	J	S	C
A	Y	X	D	E	U	J	K	O	K	S	H	K	E	H
K	R	N	F	G	L	C	M	A	O	U	O	I	A	O
X	A	D	E	M	T	O	H	W	D	Y	P	O	K	R
H	Z	W	I	Q	U	M	T	Y	R	E	J	R	K	E
B	I	V	R	J	R	E	Ł	O	O	G	M	O	G	O
E	S	Y	N	L	A	R	U	T	L	U	K	I	V	G
A	T	K	W	S	K	P	O	S	T	A	W	A	A	R
O	Y	N	L	A	U	Z	I	W	V	T	C	L	E	A
P	Ł	R	E	N	T	R	A	P	O	E	Q	R	D	F
S	R	A	Y	N	Z	C	Y	S	A	L	K	Y	A	I
X	S	Ó	S	F	S	R	U	C	H	V	D	O	R	A
N	H	U	B	K	T	R	A	D	Y	C	Y	J	N	Y
I	X	C	Ł	A	A	C	I	A	Ł	O	K	G	Ł	V
Ł	I	F	X	N	D	R	A	D	O	S	N	Y	I	M

AKADEMIA
SZTUKA
KLASYCZNY
PARTNER
CHOREOGRAFIA
CIAŁO
KULTURA
KULTURALNY
EMOCJA
WYRAZISTY
RADOSNY
ŁASKA
RUCH
MUZYKA
POSTAWA
PRÓBA
RYTM
SKOK
TRADYCYJNY
WIZUALNY

46 - Biologia

H	C	N	M	J	K	E	D	O	R	A	Z	Q	M	X
O	M	H	A	A	J	O	B	K	A	S	S	Ł	T	Z
R	V	W	R	T	U	I	L	Ł	G	D	L	R	S	R
M	Z	E	Q	O	U	H	D	A	G	S	W	R	E	N
O	P	Q	N	W	M	R	L	I	G	I	V	D	W	O
N	E	A	O	R	C	O	A	B	J	E	L	O	O	R
K	O	M	Ó	R	K	A	S	L	Ł	J	N	O	L	U
B	A	K	T	E	R	I	A	O	N	M	I	S	U	E
M	S	Y	M	B	I	O	Z	A	M	Y	T	M	C	N
U	S	Y	N	A	P	S	A	Ł	N	Z	G	O	J	F
T	U	P	G	O	F	H	S	C	A	N	H	Z	A	B
A	V	C	R	P	X	D	T	M	X	E	L	A	G	Y
C	Y	M	F	O	T	O	S	Y	N	T	E	Z	A	N
J	Q	C	F	Ł	M	L	G	M	Q	U	T	Y	Ł	S
A	S	H	M	Y	Ł	N	A	N	A	T	O	M	I	A

ANATOMIA
BAKTERIA
KOMÓRKA
KOLAGEN
CHROMOSOM
ZARODEK
ENZYM
EWOLUCJA
FOTOSYNTEZA
SSAK
MUTACJA
NATURALNY
NERW
NEURON
HORMON
OSMOZA
BIAŁKO
GAD
SYMBIOZA
SYNAPSA

47 - Attività Commerciale

R	I	L	W	A	C	F	O	B	V	B	R	Ł	A	M
K	A	I	M	O	N	O	K	E	X	Z	I	Y	I	O
O	M	B	F	A	B	R	Y	K	A	Y	P	U	J	F
H	R	Z	A	J	C	Y	T	S	E	W	N	I	R	F
U	I	H	H	T	F	I	N	A	N	S	E	P	K	O
T	F	P	R	A	C	O	D	A	W	C	A	I	O	S
R	Z	E	J	R	P	Y	H	D	A	Q	R	E	S	M
A	H	L	U	E	S	R	U	Ó	X	G	S	N	Z	O
N	J	K	U	I	Y	F	A	H	H	Y	A	I	T	S
S	W	S	E	R	H	K	G	C	V	R	Q	Ą	L	V
A	T	U	L	A	W	I	O	O	O	Y	R	D	F	A
K	A	B	G	K	C	A	Y	D	Q	W	M	Z	N	Z
C	T	O	W	A	R	U	V	V	A	X	N	E	U	Y
J	S	P	R	Z	E	D	A	Ż	M	B	A	I	A	S
A	B	U	D	Ż	E	T	U	A	L	X	H	N	K	K

BUDŻET
KARIERA
KOSZT
PRACODAWCA
PRACOWNIK
EKONOMIA
FABRYKA
FINANSE
INWESTYCJA
TOWAR
SKLEP
ZYSK
DOCHÓD
RABAT
FIRMA
PIENIĄDZE
TRANSAKCJA
BIURO
WALUTA
SPRZEDAŻ

48 - Fiori

T	E	V	K	T	A	I	N	E	D	R	A	G	Y	W
M	A	G	N	O	L	I	A	O	D	M	Ó	I	I	B
P	A	F	A	E	D	I	H	C	R	O	A	Ż	S	P
L	I	L	I	O	W	Y	M	Ł	D	F	D	F	A	P
D	R	Q	N	O	P	X	T	A	N	Q	L	P	I	Ł
L	E	T	O	H	Ł	U	Ł	D	K	Ł	I	N	L	A
I	M	S	W	K	O	N	I	C	Z	Y	N	A	I	T
B	U	K	I	E	T	L	I	K	N	O	Ż	P	L	E
E	L	L	P	Ł	O	L	C	M	U	E	B	I	L	K
T	P	A	T	C	V	P	K	O	Ś	Y	Y	L	A	H
C	Q	W	C	F	D	X	H	O	A	A	J	U	W	U
S	T	O	K	R	O	T	K	A	X	O	J	T	E	W
P	A	S	S	I	O	N	F	L	O	W	E	R	N	B
A	Ł	U	S	Ł	O	N	E	C	Z	N	I	K	D	I
H	I	B	I	S	K	U	S	C	R	G	F	Z	A	V

GARDENIA
JAŚMIN
LILIA
SŁONECZNIK
HIBISKUS
LAWENDA
LILIOWY
MAGNOLIA
STOKROTKA
BUKIET
ŻONKIL
ORCHIDEA
MAK
PASSIONFLOWER
PIWONIA
PŁATEK
PLUMERIA
RÓŻA
KONICZYNA
TULIPAN

49 - Filantropia

G	R	U	P	Y	N	Y	M	T	P	P	A	K	Ć	P
Ł	B	W	U	Z	Z	W	Ł	F	F	X	I	N	Ś	R
P	Ą	C	L	Y	H	O	O	K	P	A	N	V	O	O
K	J	C	E	O	O	T	D	D	W	J	A	L	N	G
A	G	Ł	Z	L	X	A	Z	Y	J	S	W	E	J	R
Q	G	Z	M	N	E	I	I	C	E	I	Z	D	O	A
N	Q	K	Z	T	O	W	E	Q	H	M	Y	Y	H	M
D	J	T	Ł	M	C	Ś	Ż	I	A	R	W	N	I	Y
Ł	Q	B	A	A	O	I	Ć	P	Z	T	T	Z	S	F
U	C	Z	C	I	W	O	Ś	Ć	Q	D	Q	C	T	I
F	U	N	D	U	S	Z	E	A	Z	J	U	I	O	N
P	O	T	R	Z	E	B	A	R	U	W	P	L	R	A
Z	C	L	U	D	Z	K	O	Ś	Ć	Y	O	B	I	N
N	M	G	V	U	T	V	Z	W	F	A	Y	U	A	S
S	P	O	Ł	E	C	Z	N	O	Ś	Ć	G	P	Ł	E

DZIECI
POTRZEBA
SPOŁECZNOŚĆ
ŁĄCZNOŚĆ
FINANSE
FUNDUSZE
HOJNOŚĆ
MŁODZIEŻ
ŚWIATOWY
GRUPY
MISJA
CELE
UCZCIWOŚĆ
LUDZIE
PROGRAMY
PUBLICZNY
WYZWANIA
HISTORIA
LUDZKOŚĆ

50 - Ecologia

P	D	A	K	E	N	U	T	A	G	T	B	A	Ł	L
R	Y	N	O	Ż	A	W	O	N	W	Ó	R	Z	F	I
Z	M	F	M	V	T	Y	T	F	N	S	U	S	Z	A
E	O	A	O	R	U	F	L	O	A	R	O	L	F	Ś
T	R	U	M	B	R	M	Z	E	T	Y	N	Z	I	W
R	S	N	K	J	A	R	A	G	U	T	G	N	L	I
W	K	A	X	O	L	B	M	N	R	A	A	D	Z	A
A	I	P	Z	K	N	Q	X	G	A	M	B	F	O	T
N	E	Y	C	S	Y	R	O	Ś	L	I	N	Y	J	O
I	P	O	Ł	I	M	T	P	T	Z	L	M	O	Y	W
E	Z	Z	Z	L	Q	V	R	X	U	K	G	D	B	Y
W	A	J	C	D	Ć	Ś	O	N	N	I	L	Ś	O	R
S	P	O	Ł	E	C	Z	N	O	Ś	C	I	H	S	H
N	C	U	Q	I	N	Z	K	M	T	P	G	O	A	O
F	T	C	I	S	E	U	V	M	V	V	V	X	Z	J

KLIMAT
SPOŁECZNOŚCI
FAUNA
FLORA
ŚWIATOWY
SIEDLISKO
MORSKI
NATURA
NATURALNY
BAGNO
ROŚLINY
ZASOBY
SUSZA
PRZETRWANIE
ZRÓWNOWAŻONY
GATUNEK
ODMIANA
ROŚLINNOŚĆ

51 - Discipline Scientifiche

A	T	E	R	M	O	D	Y	N	A	M	I	K	A	J
M	S	B	I	O	L	O	G	I	A	Y	R	W	F	W
E	E	T	N	E	U	R	O	L	O	G	I	A	E	F
C	K	A	R	A	R	C	H	E	O	L	O	G	I	A
H	A	I	G	O	L	A	R	E	N	I	M	T	N	I
A	Y	G	Z	J	N	T	R	U	X	A	T	C	A	G
N	P	O	A	I	G	O	L	O	N	U	M	M	I	O
I	B	L	N	R	P	R	M	M	Y	C	H	G	W	L
K	C	O	U	K	I	Ł	M	I	Y	Ł	W	A	Y	O
A	H	J	T	E	U	G	I	S	A	E	Y	D	Ż	J
M	E	Z	F	A	A	N	A	T	O	M	I	A	D	C
X	M	I	D	K	N	Z	M	A	W	Ł	I	I	O	O
G	I	F	V	J	A	I	G	O	L	O	E	G	D	S
F	A	J	M	V	B	N	K	F	S	K	D	O	U	V
E	K	O	L	O	G	I	A	A	A	X	Z	J	E	K

ANATOMIA
ARCHEOLOGIA
ASTRONOMIA
BIOLOGIA
BOTANIKA
CHEMIA
EKOLOGIA
FIZJOLOGIA
GEOLOGIA
IMMUNOLOGIA
MECHANIKA
MINERALOGIA
NEUROLOGIA
ODŻYWIANIE
SOCJOLOGIA
TERMODYNAMIKA

52 - Scienza

L	Q	B	Z	B	O	P	F	Z	Ł	A	B	A	Z	C
S	R	M	Z	G	A	Z	Y	Ł	L	F	H	M	B	Z
T	N	E	M	Y	R	E	P	S	K	E	N	I	R	Ą
M	U	I	R	O	T	A	R	O	B	A	L	N	R	S
E	C	Z	K	T	K	R	W	M	H	O	S	E	Q	T
Z	Y	U	C	E	A	U	Q	I	G	C	L	R	G	K
U	N	A	Z	G	F	T	I	E	T	H	D	A	D	I
K	Z	M	Z	I	N	A	G	R	O	A	Y	Ł	A	F
L	C	E	Q	N	D	N	Z	Q	K	B	C	Y	N	I
I	I	T	N	A	U	K	O	W	I	E	C	J	E	Z
M	M	O	T	A	J	C	U	L	O	W	E	Y	A	Y
A	E	D	C	Z	Ą	S	T	E	C	Z	K	I	I	K
T	H	A	J	C	A	W	R	E	S	B	O	P	R	A
W	C	S	K	A	M	I	E	N	I	A	Ł	O	Ś	Ć
H	N	H	Ł	Z	H	I	P	O	T	E	Z	A	O	Ł

ATOM
CHEMICZNY
KLIMAT
DANE
EKSPERYMENT
EWOLUCJA
FAKT
FIZYKA
SKAMIENIAŁOŚĆ
GRAWITACJA
HIPOTEZA
LABORATORIUM
METODA
MINERAŁY
CZĄSTECZKI
NATURA
ORGANIZM
OBSERWACJA
CZĄSTKI
NAUKOWIEC

53 - Acqua

H	P	I	O	O	P	F	H	T	P	Z	R	I	R	P
J	U	A	I	L	C	Y	W	I	O	O	H	X	S	R
E	O	R	R	X	V	E	T	M	W	D	I	S	G	Y
Z	D	X	A	O	S	E	A	Z	Ó	R	M	G	W	S
I	T	B	K	G	W	Ł	P	N	D	X	O	G	Z	Z
O	L	Z	E	O	A	A	Y	I	Ź	I	K	S	P	N
R	Ń	Z	Z	E	Y	N	N	M	O	N	S	U	N	I
O	E	I	R	Q	C	A	T	I	I	G	Ś	Y	D	C
W	I	L	G	O	Ć	K	O	H	E	E	N	B	D	S
R	M	A	V	Z	B	B	G	D	L	J	I	Z	M	F
J	U	Y	I	C	L	U	L	X	Ó	Z	E	K	K	Q
H	R	V	Z	Z	V	S	I	J	D	E	G	O	S	Ł
C	T	D	M	S	A	S	W	P	G	R	Y	Q	O	E
M	S	K	R	E	F	A	L	E	P	A	R	O	W	Y
N	A	W	A	D	N	I	A	N	I	E	D	L	C	D

POWÓDŹ
KANAŁ
PRYSZNIC
PAROWANIE
RZEKA
STRUMIEŃ
MRÓZ
GEJZER
LÓD
NAWADNIANIE
JEZIORO
MONSUN
ŚNIEG
OCEAN
FALE
DESZCZ
WILGOĆ
WILGOTNY
HURAGAN
PAROWY

54 - Imbarcazioni

O	C	E	A	N	H	J	M	F	A	L	E	Ż	S	T
J	U	R	X	H	D	A	L	A	F	O	T	A	I	R
U	E	L	K	O	M	C	T	Y	E	T	U	G	L	A
S	E	Z	R	O	M	H	V	P	V	I	M	L	N	T
U	R	B	I	H	T	T	Z	S	A	M	A	Ó	I	W
X	M	Q	R	O	O	W	A	W	G	O	R	W	K	A
R	M	B	U	C	R	V	I	I	O	R	Y	K	B	F
P	K	X	B	V	I	O	Q	C	Ł	P	N	A	W	G
N	A	U	T	Y	C	Z	N	Y	A	O	A	K	J	I
Q	J	H	K	D	V	N	D	Z	Z	J	R	E	Y	N
X	A	N	I	L	A	U	Z	O	T	J	Z	Z	N	T
Q	K	Y	Ł	W	F	F	U	B	D	U	B	R	P	N
P	D	B	B	I	Y	U	O	V	D	F	O	A	L	D
S	N	D	W	D	T	Z	O	L	L	W	J	W	L	Ł
G	O	M	O	R	S	K	I	D	A	O	A	V	R	I

MASZT
KOTWICA
ŻAGLÓWKA
BOJA
KAJAK
LINA
ZAŁOGA
RZEKA
JEZIORO
MORZE
FALA
MARYNARZ
MORSKI
SILNIK
NAUTYCZNY
OCEAN
FALE
PROM
JACHT
TRATWA

55 - Chimica

O	R	G	A	N	I	C	Z	N	Y	C	C	W	E	A
K	W	M	I	J	A	E	K	I	X	M	I	Ę	L	T
J	E	C	Ł	B	B	J	N	E	L	T	E	G	E	O
S	Ó	L	Z	I	I	K	E	Z	C	A	P	I	K	M
N	W	P	C	I	E	C	Z	Z	Y	E	Ł	E	T	O
A	L	K	A	L	I	C	Z	N	Y	M	O	L	R	W
D	X	C	Z	Ą	S	T	E	C	Z	K	A	P	O	Y
W	O	D	Ó	R	K	Z	T	W	A	G	A	R	N	J
T	E	M	P	E	R	A	T	U	R	A	J	O	N	Ą
J	F	G	G	J	I	P	S	C	Ł	J	B	L	Y	D
G	N	Y	T	Z	Z	Ł	K	X	Ł	O	J	H	L	R
G	B	N	B	X	P	G	D	W	G	S	F	C	Q	O
P	A	R	O	T	A	Z	I	L	A	T	A	K	T	W
N	D	Z	J	H	V	X	M	X	B	S	S	A	K	Y
E	E	O	Q	W	B	S	T	N	Ł	F	Y	T	Z	Y

KWAS
ALKALICZNY
ATOMOWY
CIEPŁO
WĘGIEL
KATALIZATOR
CHLOR
ELEKTRON
ENZYM
GAZ
WODÓR
JON
CIECZ
CZĄSTECZKA
JĄDROWY
ORGANICZNY
TLEN
WAGA
SÓL
TEMPERATURA

56 - Api

R	J	D	X	Ć	P	Q	H	E	K	S	O	W	K	R
O	O	A	S	Ą	U	P	Ł	K	R	V	T	Y	O	Ó
B	U	Ś	Ł	N	U	Y	L	O	Ó	R	Ó	J	R	Ż
Q	V	U	L	T	X	Ł	J	S	L	P	V	X	Z	N
O	B	R	L	I	J	E	D	Y	O	J	E	J	Y	O
R	W	A	X	W	N	K	V	S	W	O	E	M	S	R
I	E	Q	O	K	Ł	Y	Y	T	A	I	W	K	T	O
S	K	R	Z	Y	D	Ł	A	E	H	D	B	T	N	D
Ż	Y	W	N	O	Ś	Ć	C	M	Y	D	U	W	Y	N
S	I	E	D	L	I	S	K	O	O	W	A	D	O	O
E	X	C	Ó	M	A	C	P	X	C	S	T	B	W	Ś
B	K	Ń	R	W	I	U	A	I	T	N	H	X	O	Ć
R	S	O	G	F	C	Ó	R	B	U	C	B	F	C	N
R	A	Ł	O	Y	R	T	D	C	W	C	Z	U	H	H
M	W	S	T	T	P	Y	Q	I	M	Y	H	I	U	I

SKRZYDŁA
UL
KORZYSTNY
WOSK
ŻYWNOŚĆ
RÓŻNORODNOŚĆ
EKOSYSTEM
KWIATY
KWITNĄĆ
OWOC

DYM
OGRÓD
SIEDLISKO
OWAD
MIÓD
ROŚLINY
PYŁEK
KRÓLOWA
RÓJ
SŁOŃCE

57 - Strumenti Musicali

M	G	S	I	V	K	U	B	T	O	G	A	F	S	H
E	H	Z	K	J	E	R	Ę	C	N	O	Z	U	P	A
M	J	K	W	R	Z	F	B	G	I	T	A	R	A	R
Z	A	U	C	Z	Z	L	E	N	N	E	J	C	K	M
E	F	R	J	R	Ł	Y	N	Q	A	N	S	J	B	O
R	R	T	I	X	P	B	P	G	I	R	U	O	Ą	N
B	A	H	E	M	V	Y	A	C	P	A	K	Y	R	I
T	H	U	H	E	B	P	D	N	E	L	R	E	T	J
A	P	F	U	B	H	A	Q	M	J	K	E	Q	E	K
M	B	F	P	B	H	W	A	V	Ó	O	P	H	L	A
B	Q	R	P	F	M	G	K	D	B	B	U	H	F	M
U	G	G	A	Q	J	O	L	U	O	I	I	F	F	Z
R	D	S	R	Q	E	N	O	F	O	S	K	A	S	W
Y	L	Z	R	U	V	G	P	Q	S	R	D	R	B	D
N	Z	I	D	P	O	M	A	N	D	O	L	I	N	A

HARMONIJKA
HARFA
BANJO
GITARA
KLARNET
FAGOT
FLET
GONG
MANDOLINA
MARIMBA
OBÓJ
PERKUSJA
PIANINO
SAKSOFON
TAMBURYN
BĘBEN
TRĄBKA
PUZON
SKRZYPCE

58 - Professioni #2

B	O	P	Z	C	R	Ł	N	S	B	Y	K	R	G	H
M	I	G	R	U	R	I	H	C	I	L	X	T	Z	W
Z	A	O	R	C	Z	W	P	O	B	Y	J	M	D	D
O	U	L	L	O	I	I	J	Z	L	D	Ł	R	B	A
O	J	W	A	O	D	T	U	Z	I	Q	R	I	H	S
L	B	T	D	R	G	N	V	X	O	L	O	B	I	T
O	E	Ł	E	W	Z	Ł	I	A	T	O	L	I	P	R
G	N	F	S	L	W	Y	T	K	E	T	E	D	Y	O
L	E	K	A	R	Z	P	H	Z	K	M	Q	Ł	V	N
W	Y	N	A	L	A	Z	C	A	A	J	O	T	R	A
B	A	D	A	C	Z	B	S	Z	R	W	M	V	U	U
F	O	T	O	G	R	A	F	O	Z	O	L	I	F	T
D	Z	I	E	N	N	I	K	A	R	Z	A	Q	T	A
J	Ę	Z	Y	K	O	Z	N	A	W	C	A	K	X	H
D	E	N	T	Y	S	T	A	M	E	N	G	C	R	N

ASTRONAUTA
BIBLIOTEKARZ
BIOLOG
CHIRURG
DENTYSTA
DETEKTYW
FILOZOF
FOTOGRAF
OGRODNIK
DZIENNIKARZ
WYNALAZCA
JĘZYKOZNAWCA
LEKARZ
PILOT
MALARZ
BADACZ
ZOOLOG

59 - Letteratura

G	N	O	E	P	V	Z	J	S	B	T	N	Ł	D	W
A	I	N	I	P	O	S	D	V	M	Ł	V	N	T	V
T	R	F	L	C	E	R	P	K	N	Y	N	V	W	A
U	U	G	M	Ł	C	E	Ó	O	Y	Ł	U	G	S	I
N	S	T	A	T	A	I	F	W	E	J	T	G	P	F
E	V	R	E	W	I	W	S	Ć	N	T	K	O	M	A
K	Z	A	T	F	G	T	R	Ś	K	A	Y	Z	E	R
A	O	G	A	T	O	D	G	E	N	A	N	C	O	G
U	P	E	M	N	L	C	O	I	N	L	T	I	K	O
T	I	D	E	F	A	J	L	W	G	H	G	A	E	I
O	S	I	T	M	N	L	A	O	V	R	B	T	W	B
R	C	A	B	H	A	Y	I	P	O	Y	O	T	D	L
Ł	I	H	P	J	S	T	D	Z	N	T	Ł	R	N	F
I	T	Y	V	T	R	S	C	R	A	M	Y	R	Ł	P
W	N	I	O	S	E	K	M	E	T	A	F	O	R	A

ANALIZA
ANALOGIA
ANEGDOTA
AUTOR
BIOGRAFIA
WNIOSEK
PORÓWNANIE
OPIS
DIALOG
GATUNEK
METAFORA
OPINIA
WIERSZ
POETYCKI
RYM
RYTM
POWIEŚĆ
STYL
TEMAT
TRAGEDIA

60 - Cibo #2

G	R	Z	Y	B	W	S	E	L	E	R	M	H	T	Y
J	W	G	X	E	U	I	B	B	R	O	K	U	Ł	Y
O	E	T	P	L	T	L	Ś	X	M	O	R	A	B	Y
G	P	Ł	J	H	K	I	J	N	G	E	O	Y	C	S
U	A	X	B	C	Ł	V	F	R	I	K	D	J	Ż	B
R	Y	Y	A	C	Q	R	S	Y	H	A	I	X	U	T
T	C	O	N	D	K	Ł	O	B	F	Z	M	Y	I	K
L	X	N	A	Ż	A	Ł	K	A	B	C	O	P	K	K
T	H	O	N	D	S	L	N	Ł	L	R	P	S	I	W
O	T	R	E	S	E	I	O	O	Y	U	S	Z	W	P
N	H	G	Q	Z	T	Z	K	K	E	K	E	E	I	N
X	Z	O	E	Y	K	K	Ł	J	E	N	I	N	Y	W
X	P	N	I	N	Q	G	B	A	K	Z	K	I	P	S
O	G	I	D	K	A	N	A	J	C	Y	C	C	P	G
O	P	W	T	A	J	X	J	N	R	I	R	A	Q	J

BANAN
BROKUŁY
WIŚNIA
CZEKOLADA
SER
GRZYB
PSZENICA
KIWI
JABŁKO
BAKŁAŻAN

CHLEB
RYBA
KURCZAK
POMIDOR
SZYNKA
RYŻ
SELER
JAJKO
WINOGRONO
JOGURT

61 - Nutrizione

X	Y	J	Z	F	J	G	Ł	K	X	W	D	J	B	Q
A	C	A	D	E	V	A	O	F	H	Ł	I	Q	I	B
K	G	D	R	R	E	R	K	Z	Z	T	E	B	H	W
Ł	W	A	O	M	I	Y	M	O	P	J	T	R	Z	Z
A	Ę	L	W	E	M	S	B	R	Ś	J	A	F	K	R
I	G	N	Y	N	Y	Ł	P	K	K	Ć	R	L	R	Ó
B	L	Y	W	T	Y	T	E	P	A	T	S	O	S	W
Y	O	V	A	A	N	Y	S	K	O	T	L	B	U	N
V	W	K	R	C	K	Q	Z	D	R	O	W	I	E	O
S	O	J	P	J	W	A	F	P	R	K	S	K	Ł	W
M	D	K	Y	A	G	W	L	P	N	P	N	Z	P	A
A	A	M	Z	L	Q	Z	L	O	U	C	P	R	Ł	Ż
K	N	Ł	R	V	I	C	Y	W	R	J	L	O	A	O
R	Y	X	P	A	N	I	M	A	T	I	W	G	Q	N
T	R	A	W	I	E	N	I	E	I	E	E	C	U	Y

GORZKI
APETYT
ZRÓWNOWAŻONY
KALORIE
WĘGLOWODANY
JADALNY
DIETA
TRAWIENIE
FERMENTACJA
SMAK
PŁYNY
WAGA
BIAŁKA
JAKOŚĆ
SOS
ZDROWIE
ZDROWY
PRZYPRAWY
TOKSYNA
WITAMINA

62 - Matematica

R	K	R	Ó	W	N	O	L	E	G	Ł	O	B	O	K
K	Ó	Ą	X	R	K	B	Ł	K	O	Ń	M	Y	C	S
W	L	W	T	L	Ł	G	E	O	M	E	T	R	I	A
A	F	D	N	Y	Y	Ł	I	Q	P	I	T	P	D	I
D	T	J	S	A	S	U	M	A	Ł	M	Ą	O	Z	R
R	Ą	Q	J	T	N	A	N	L	I	O	K	D	I	T
A	K	V	E	Q	Q	I	D	S	L	R	O	Z	E	E
T	J	I	V	V	T	R	E	Q	R	P	T	I	S	M
R	Ó	W	N	O	L	E	G	Ł	Y	M	S	A	I	Y
H	R	V	W	D	O	B	W	Ó	D	B	O	Ł	Ę	S
S	T	A	X	V	A	C	I	N	D	E	R	Ś	T	K
C	Z	X	Ł	F	O	Ł	Y	A	Ł	C	P	M	N	T
F	O	O	F	A	J	C	K	A	R	F	P	C	Y	L
A	A	K	Y	T	E	M	T	Y	R	A	K	J	V	D
W	I	E	L	O	K	Ą	T	U	W	A	J	V	P	W

KĄTY
ARYTMETYKA
DZIESIĘTNY
ŚREDNICA
PODZIAŁ
RÓWNANIE
WYKŁADNIK
FRAKCJA
GEOMETRIA
RÓWNOLEGŁY

RÓWNOLEGŁOBOK
OBWÓD
WIELOKĄT
KWADRAT
PROMIEŃ
PROSTOKĄT
SYMETRIA
SUMA
TRÓJKĄT

63 - Meditazione

Q	C	M	Z	G	V	T	P	M	Ł	O	H	O	F	N
J	I	H	Q	H	M	V	O	A	U	R	Y	E	H	A
Q	S	B	A	R	M	U	K	Ł	M	Z	A	O	B	T
E	Z	J	J	M	X	W	Ó	I	M	L	Y	D	H	U
I	A	H	C	U	R	A	J	I	Z	Y	A	K	F	R
C	E	Q	A	I	M	G	M	Y	Ś	L	I	C	A	A
U	S	I	W	T	Y	A	W	A	T	S	O	P	G	F
Z	M	P	R	Z	E	J	R	Z	Y	S	T	O	Ś	Ć
C	A	Y	E	C	E	J	Q	T	G	H	A	C	R	V
Ł	G	F	S	Y	N	Z	C	I	H	C	Y	S	P	F
Ó	P	L	B	Ł	V	Y	W	O	H	C	E	D	D	O
P	K	G	O	W	W	Y	I	E	M	W	O	U	Q	R
S	S	P	O	K	Ó	J	Ł	I	Ł	E	X	I	V	J
W	D	Z	I	Ę	C	Z	N	O	Ś	Ć	F	I	L	T
Ż	Y	C	Z	L	I	W	O	Ś	Ć	N	R	W	O	M

UWAGA
SPOKÓJ
PRZEJRZYSTOŚĆ
WSPÓŁCZUCIE
EMOCJE
ŻYCZLIWOŚĆ
WDZIĘCZNOŚĆ
PSYCHICZNY
UMYSŁ
RUCH
MUZYKA
NATURA
OBSERWACJA
POKÓJ
MYŚLI
POSTAWA
ODDECHOWY
CISZA

64 - Elettricità

S	I	E	Ć	K	H	M	Ż	A	R	Ó	W	K	A	S
D	K	F	K	W	Ł	F	I	N	E	H	G	E	O	P
Y	D	O	W	E	Z	R	P	N	W	W	A	L	P	R
T	E	L	E	F	O	N	D	F	U	E	I	E	L	Z
K	M	A	G	N	E	S	G	T	F	S	R	K	U	Ę
E	S	K	Ł	A	D	O	W	A	N	I	E	T	S	T
I	Ł	L	Y	O	G	I	L	O	Ś	Ć	T	R	H	T
B	K	A	B	E	L	K	W	T	W	C	A	Y	B	E
O	L	Y	P	W	L	Y	G	M	Ł	X	B	C	D	L
V	J	K	Y	L	U	R	U	N	L	W	M	Z	Ł	E
G	E	N	E	R	A	T	O	R	I	A	R	N	I	W
L	C	T	F	E	T	K	R	F	F	A	M	Y	C	I
L	S	J	I	S	O	E	S	L	D	F	Z	P	P	Z
Ł	R	T	F	A	K	L	J	D	I	Y	Z	D	A	J
V	N	G	X	L	T	E	V	L	F	H	T	F	O	A

SPRZĘT
BATERIA
KABEL
SKŁADOWANIE
ELEKTRYK
ELEKTRYCZNY
PRZEWODY
GENERATOR
LAMPA
ŻARÓWKA
LASER
MAGNES
MINUS
OBIEKTY
PLUS
GNIAZDO
ILOŚĆ
SIEĆ
TELEFON
TELEWIZJA

65 - Antiquariato

S	T	A	R	Y	H	K	J	T	R	Ł	K	Ł	Z	G
T	B	H	A	F	W	I	O	A	S	T	Y	L	B	A
V	B	Ł	K	Y	B	N	Q	D	K	U	Y	U	E	L
A	U	K	C	J	A	N	E	C	Y	O	O	J	S	E
D	E	K	O	R	A	C	Y	J	N	Y	Ś	E	T	R
B	T	L	M	O	N	E	T	Y	Z	L	O	Ć	U	I
S	N	M	B	Z	C	A	L	R	C	Ł	I	X	L	A
J	Z	Y	H	E	O	E	O	F	Y	D	A	K	E	D
Ł	A	T	S	E	M	Ć	Ś	O	T	R	A	W	C	W
Ł	R	G	U	K	N	G	Q	U	N	A	T	S	I	A
Z	J	D	C	K	S	W	W	L	E	G	Ł	I	E	H
Z	J	D	X	Z	A	J	C	Y	T	S	E	W	N	I
N	I	E	Z	W	Y	K	Ł	Y	U	X	T	R	S	G
E	L	E	G	A	N	C	K	I	A	B	Ź	E	Z	R
T	Q	S	K	O	L	E	K	C	J	O	N	E	R	N

SZTUKA
AUKCJA
AUTENTYCZNY
KOLEKCJONER
STAN
DEKADY
DEKORACYJNY
ELEGANCKI
GALERIA
NIEZWYKŁY
INWESTYCJA
MEBLE
MONETY
CENA
JAKOŚĆ
RZEŹBA
STULECIE
STYL
WARTOŚĆ
STARY

66 - Escursionismo

K	E	M	P	I	N	G	X	K	N	T	W	L	T	C
K	C	U	O	P	A	V	C	V	T	M	A	P	A	C
T	L	K	W	R	A	R	U	T	A	N	E	Y	E	L
L	A	I	K	I	Z	D	K	A	M	I	E	N	I	E
Z	F	Ł	F	H	P	A	R	K	I	S	S	O	N	Z
V	A	R	Ó	G	L	J	Z	A	L	A	Z	Z	A	W
Ł	D	G	U	B	L	C	I	L	K	C	C	C	W	I
C	O	W	R	T	J	A	B	U	T	Y	Z	Ę	O	E
D	W	Y	G	O	K	T	S	M	K	N	Y	M	T	R
C	K	T	I	Z	Ż	N	G	H	D	H	T	Z	O	Z
C	I	Ę	Ż	K	I	E	C	Ń	O	Ł	S	Q	G	Ą
C	S	N	K	V	H	I	N	B	N	O	R	I	Y	T
A	Z	B	T	K	A	R	A	I	B	C	V	T	Z	J
H	T	H	S	W	Y	O	U	O	A	L	Y	T	R	A
D	W	Y	I	K	I	N	D	O	W	E	Z	R	P	B

WODA
ZWIERZĄT
KEMPING
KLIMAT
PRZEWODNIKI
MAPA
GÓRA
NATURA
ORIENTACJA
PARKI
ZAGROŻENIA
CIĘŻKI
KAMIENIE
PRZYGOTOWANIE
KLIF
DZIKI
SŁOŃCE
ZMĘCZONY
BUTY
SZCZYT

67 - Professioni #1

F	A	R	M	A	C	E	U	T	A	Ł	T	M	Ł	C
U	Z	R	E	C	N	A	T	L	X	L	R	Y	X	M
U	R	G	O	L	O	E	G	O	G	Q	E	Ś	S	H
N	A	A	T	K	I	N	W	A	R	P	N	L	M	C
X	N	M	X	R	J	B	V	Y	T	E	E	I	A	T
B	Y	B	I	O	G	F	U	I	G	W	R	W	T	B
A	R	A	E	T	T	X	K	J	P	Z	H	Y	S	C
N	A	S	A	K	R	A	I	N	G	Ę	L	E	I	P
K	M	A	U	A	Ł	M	L	N	C	P	O	M	N	Y
I	L	D	Q	D	J	D	U	G	Z	K	L	F	A	A
E	J	O	K	E	I	G	A	Z	S	Y	F	H	I	Ł
R	L	R	L	R	O	L	R	K	Y	B	G	Ł	P	B
A	R	T	Y	S	T	A	D	U	Ł	K	L	Z	N	P
O	Q	N	P	L	Y	Z	Y	P	A	O	L	C	M	K
T	R	Y	G	O	L	O	H	C	Y	S	P	W	I	Ł

TRENER
AMBASADOR
ARTYSTA
PRAWNIK
TANCERZ
BANKIER
MYŚLIWY
REDAKTOR
FARMACEUTA
GEOLOG
JUBILER
HYDRAULIK
PIELĘGNIARKA
MARYNARZ
MUZYK
PIANISTA
PSYCHOLOG

68 - Antartide

P	I	S	H	A	J	P	V	L	F	X	R	Q	C	R
B	K	I	D	R	U	X	H	S	O	F	A	W	V	J
M	N	Y	R	U	M	H	C	K	R	D	D	Ó	L	W
N	K	K	Y	T	S	N	V	A	Ś	W	O	I	I	Q
B	V	A	W	A	W	P	V	L	R	Y	W	W	Z	T
M	I	N	E	R	A	Ł	Y	I	O	P	I	I	C	P
Q	M	O	D	E	K	U	P	S	D	R	E	E	A	E
M	N	R	V	P	O	A	S	T	O	A	L	U	D	S
I	Y	H	P	M	T	Y	Y	Y	W	W	O	W	A	Y
Q	E	C	T	E	A	T	W	L	I	A	R	N	B	W
X	K	O	B	T	Z	N	V	O	S	A	Y	Z	X	Ł
K	O	N	T	Y	N	E	N	T	K	A	B	L	N	Ó
G	E	O	G	R	A	F	I	A	O	U	Y	D	N	P
M	I	G	R	A	C	J	A	O	E	Ł	A	W	C	X
Q	P	T	O	P	O	G	R	A	F	I	A	N	T	A

WODA
ŚRODOWISKO
ZATOKA
WIELORYBY
OCHRONA
KONTYNENT
GEOGRAFIA
LODOWCE
LÓD
WYSPY

MIGRACJA
MINERAŁY
CHMURY
PÓŁWYSEP
BADACZ
SKALISTY
NAUKOWY
WYPRAWA
TEMPERATURA
TOPOGRAFIA

69 - Libri

N	R	P	Q	K	A	U	T	O	R	B	C	C	L	K
A	W	Ł	L	I	T	E	R	A	C	K	I	R	J	C
R	H	I	S	T	O	R	Y	C	Z	N	Y	T	Y	N
R	S	T	R	O	N	A	Ć	B	B	Ł	H	R	H	E
A	S	F	Y	S	M	E	Ś	I	Ł	I	V	A	D	P
T	Ł	P	Ł	T	S	K	E	T	N	O	K	G	H	I
O	A	I	R	E	S	X	I	E	F	R	L	I	H	C
R	I	T	H	S	S	Y	W	N	E	D	B	C	A	K
P	R	P	S	J	W	I	O	T	L	K	X	Z	D	I
S	O	L	U	E	A	P	P	O	D	E	L	N	O	W
A	T	E	M	P	E	J	O	T	J	L	T	Y	G	V
D	S	L	Z	H	N	P	I	S	E	M	N	Y	Y	A
J	I	D	E	J	E	M	Z	I	L	A	U	D	Z	U
C	H	A	M	Z	A	J	C	K	E	L	O	K	R	C
W	Y	N	A	L	A	Z	C	Z	Y	A	L	L	P	B

AUTOR
PRZYGODA
KOLEKCJA
KONTEKST
DUALIZM
EPICKI
WYNALAZCZY
LITERACKI
CZYTELNIK
NARRATOR
STRONA
POEZJA
ISTOTNE
POWIEŚĆ
PISEMNY
SERIA
HISTORIA
HISTORYCZNY
TRAGICZNY

70 - Geografia

P	W	D	P	O	Ł	U	D	N	I	E	V	K	Ś	Ł
Ó	Y	J	U	X	O	D	Y	I	D	Z	L	O	W	M
Ł	S	L	K	W	H	T	X	Y	B	R	R	N	I	K
K	O	B	F	Y	Q	M	S	G	K	O	N	T	A	P
U	K	Y	O	S	A	L	T	A	Ó	M	Ł	Y	T	O
L	O	U	U	P	P	S	U	S	I	R	J	N	T	D
A	Ś	N	C	A	U	Ó	I	I	E	M	A	E	E	N
S	Ć	D	L	O	T	P	Ł	Y	K	A	G	N	R	I
K	R	A	J	Q	R	O	O	N	J	P	U	T	Y	E
U	W	L	Z	U	R	Ł	C	C	O	A	O	B	T	S
Z	A	C	H	Ó	D	U	E	C	K	C	O	T	O	I
W	W	G	R	P	X	D	A	K	E	Z	R	W	R	E
P	V	A	F	Y	I	N	N	O	I	G	E	R	I	N
B	S	E	H	O	L	I	Q	F	D	X	Y	Ł	U	I
B	N	S	F	T	Z	K	Y	X	Y	V	Z	F	M	E

WYSOKOŚĆ
ATLAS
MIASTO
KONTYNENT
PODNIESIENIE
PÓŁKULA
RZEKA
WYSPA
MAPA
MORZE
POŁUDNIK
ŚWIAT
GÓRA
PÓŁNOC
OCEAN
ZACHÓD
KRAJ
REGION
POŁUDNIE
TERYTORIUM

71 - Cibo #1

K	E	N	S	O	Z	C	D	T	K	N	O	T	C	C
H	O	Z	A	T	Ę	I	M	U	S	O	A	U	Y	B
K	O	S	Ł	C	U	K	I	E	R	M	E	Ń	T	Q
B	Z	N	A	K	W	E	H	C	R	A	M	C	R	X
A	U	S	T	T	Ł	J	A	S	Q	N	U	Z	Y	S
Z	V	W	K	C	O	S	Ę	I	M	Y	T	Y	N	X
Y	T	G	A	L	O	P	W	C	M	C	H	K	A	H
L	R	N	P	J	K	T	A	K	Z	S	U	R	G	R
I	U	V	E	C	E	B	U	L	A	M	S	E	R	S
A	S	V	Z	H	L	T	G	Ó	W	N	I	P	D	J
G	K	U	R	M	M	B	N	S	Z	A	I	E	Z	C
U	A	J	C	I	A	S	T	O	I	X	N	P	Ń	W
G	W	Ł	R	B	D	T	Ł	D	R	N	D	V	Z	J
Q	K	A	K	D	L	S	Ł	W	P	Z	D	H	C	S
C	A	C	H	C	G	W	U	A	A	K	A	B	V	N

CZOSNEK
BAZYLIA
CYNAMON
MIĘSO
MARCHEWKA
CEBULA
TRUSKAWKA
SAŁATKA
MLEKO
CYTRYNA
MIĘTA
JĘCZMIEŃ
GRUSZKA
RZEPA
SÓL
SZPINAK
SOK
TUŃCZYK
CIASTO
CUKIER

72 - Aeroplani

S	U	Q	Q	P	Q	L	Z	E	J	Ś	C	I	E	Ł
I	P	A	L	I	W	O	Ą	T	X	X	A	E	J	P
L	P	R	O	J	E	K	T	D	S	N	Q	O	U	M
N	N	M	R	B	G	S	V	A	O	X	D	T	O	N
I	A	W	Ć	U	E	D	M	T	P	W	Ł	Y	I	L
K	W	H	Ś	G	E	I	M	M	R	B	A	Y	B	W
X	I	K	O	O	Z	L	N	O	Z	A	G	N	T	W
Z	G	H	K	H	R	L	R	S	Y	L	O	Ł	I	R
W	O	I	O	I	T	U	O	F	G	O	Ł	P	E	E
O	W	S	S	Q	E	C	Q	E	O	N	A	I	R	Ż
D	A	T	Y	E	I	R	B	R	D	O	Z	L	E	A
Ó	Ć	O	W	K	W	C	U	A	A	O	J	O	A	S
R	Y	R	G	O	O	V	B	N	H	F	W	T	W	A
Y	H	I	V	W	P	Ł	J	S	E	G	L	P	P	P
B	O	A	W	O	D	U	B	K	S	K	F	K	D	M

WYSOKOŚĆ
POWIETRZE
ATMOSFERA
LĄDOWANIE
PRZYGODA
PALIWO
NIEBO
BUDOWA
PROJEKT
KIERUNEK
ZEJŚCIE
ZAŁOGA
WODÓR
SILNIK
NAWIGOWAĆ
BALON
PASAŻER
PILOT
HISTORIA

73 - Governo

D	C	U	P	I	Z	Y	I	J	S	N	I	J	S	R
D	E	M	O	K	R	A	C	J	A	Y	A	W	O	M
Y	H	L	J	Q	M	Z	C	E	B	G	M	R	H	H
N	I	E	Z	A	L	E	Ż	N	O	Ś	Ć	B	Ó	U
L	S	G	R	V	V	L	D	B	Q	A	Y	K	O	D
I	Ą	T	M	W	E	I	X	S	L	J	D	Ł	E	L
W	D	K	D	Z	I	E	L	N	I	C	A	Z	N	J
Y	O	W	A	R	P	H	A	J	S	U	K	S	Y	D
C	W	K	L	D	Ć	O	K	O	D	T	Y	R	X	W
E	Y	R	I	T	Ł	Ś	A	Q	J	Y	T	Ó	F	F
W	A	A	D	Q	N	R	O	B	B	T	I	W	M	M
A	O	J	E	U	T	M	A	N	G	S	L	N	U	I
P	V	O	R	G	S	T	A	N	L	N	O	O	T	M
O	W	W	B	K	B	K	I	N	M	O	P	Ś	X	F
Y	K	E	P	R	A	W	A	L	E	K	W	Ć	B	L

LIDER
CYWILNY
KONSTYTUCJA
DEMOKRACJA
PRAWA
MOWA
DYSKUSJA
SĄDOWY
NIEZALEŻNOŚĆ
PRAWO
WOLNOŚĆ
POMNIK
KRAJOWE
NARÓD
POLITYKA
DZIELNICA
SYMBOL
STAN
RÓWNOŚĆ

74 - Bellezza

S	Z	M	I	N	K	A	T	S	I	L	Y	T	S	T
M	P	S	E	T	Y	S	C	G	J	M	R	I	V	H
Y	G	D	T	J	R	S	O	J	O	D	Y	X	P	W
I	F	O	T	O	G	E	N	I	C	Z	N	Y	L	A
K	V	X	G	R	T	Q	D	Ł	N	C	I	R	L	S
Y	R	O	L	E	J	E	C	R	H	K	K	X	O	Ę
T	O	I	K	Z	C	Y	Ż	O	N	C	D	V	K	Z
E	L	E	G	A	N	C	J	A	K	S	A	Ł	I	R
M	O	G	V	U	S	I	O	U	S	H	Ł	P	I	O
S	K	H	Ł	B	Ł	Z	T	R	K	V	G	T	A	D
O	R	T	S	U	L	S	I	O	Ó	H	W	N	R	Z
K	A	R	N	Z	S	D	U	K	R	P	W	Z	Z	S
S	Z	A	M	P	O	N	U	K	A	X	Z	B	G	U
G	I	I	J	E	L	E	G	A	N	C	K	I	Ł	T
J	W	M	Q	F	P	P	R	O	D	U	K	T	Y	L

KOLOR
KOSMETYKI
ELEGANCKI
ELEGANCJA
UROK
NOŻYCZKI
FOTOGENICZNY
ZAPACH
ŁASKA
GŁADKI
TUSZ DO RZĘS
OLEJE
SKÓRA
PRODUKTY
LOKI
SZMINKA
USŁUGI
SZAMPON
LUSTRO
STYLISTA

75 - Forme

N	A	R	O	Ż	N	I	K	T	J	R	G	A	I	S
U	A	G	H	V	S	M	I	Ł	X	K	O	D	J	P
E	L	I	P	S	A	L	O	B	R	E	P	I	H	R
M	V	F	A	B	A	L	A	V	K	Ż	O	M	G	O
A	R	Ł	L	E	J	Z	U	Ł	R	O	W	A	H	S
C	Y	L	I	N	D	E	R	A	A	T	A	R	O	T
K	S	Z	E	Ś	C	I	A	N	W	S	L	I	V	O
O	W	X	M	P	Ł	A	L	Q	Ę	M	W	P	Q	K
B	Ł	A	B	W	V	O	U	C	D	A	P	Ł	O	Ą
X	S	O	D	D	X	W	K	H	Z	L	R	D	U	T
K	M	U	C	R	B	I	D	Q	I	B	K	X	Z	K
L	O	T	F	L	A	E	G	S	E	L	I	N	I	A
M	S	Ł	S	T	U	T	A	M	Z	Y	R	P	C	Ł
T	Ą	K	O	L	E	I	W	K	R	Z	Y	W	A	B
T	R	Ó	J	K	Ą	T	Y	Q	P	H	M	X	M	E

NAROŻNIK
ŁUK
KRAWĘDZIE
KOŁO
CYLINDER
STOŻEK
SZEŚCIAN
KRZYWA
ELIPSA
HIPERBOLA
BOK
LINIA
OWAL
PIRAMIDA
WIELOKĄT
PRYZMAT
KWADRAT
PROSTOKĄT
KULA
TRÓJKĄT

76 - Oceano

U	Ł	A	U	Q	Q	P	E	H	P	D	N	Z	J	R
T	Q	E	A	X	M	E	J	P	K	Z	Y	X	Y	H
U	U	M	W	I	O	N	E	D	V	A	C	P	S	X
M	E	D	U	Z	A	J	Z	R	N	U	S	Z	D	P
T	M	K	A	B	Y	R	B	U	R	Z	A	R	W	B
G	Ą	B	K	A	O	P	Ł	Y	W	Y	P	A	I	T
J	N	A	T	C	C	S	W	V	Y	O	J	F	E	U
P	H	R	E	I	O	M	T	Z	R	E	Ł	A	L	Ń
H	Ż	K	W	N	I	K	E	R	S	Q	X	O	O	C
C	Ó	G	E	R	D	A	Y	O	Y	Ó	Q	N	R	Z
Y	Ł	B	R	O	K	X	D	G	Y	G	L	V	Y	Y
R	W	Q	K	I	Ł	O	U	Ę	W	F	A	F	B	K
G	Q	W	D	M	W	U	R	W	X	M	D	A	B	J
W	B	P	D	Ś	L	V	F	A	N	I	F	L	E	D
Ł	Ó	D	Ź	O	I	H	B	U	L	V	S	E	Q	M

WĘGORZ
WIELORYB
ŁÓDŹ
KORAL
DELFIN
KREWETKA
KRAB
PŁYWY
MEDUZA
FALE
OSTRYGA
RYBA
OŚMIORNICA
SÓL
RAFA
GĄBKA
REKIN
ŻÓŁW
BURZA
TUŃCZYK

77 - Famiglia

B	I	Ł	Ł	G	C	I	J	W	N	U	K	T	F	D
A	E	C	M	Y	U	E	D	I	C	V	X	X	X	Z
B	R	B	K	A	K	T	O	I	C	V	L	J	X	I
C	G	L	P	N	T	A	R	B	Y	H	E	T	D	E
I	F	Q	L	O	F	K	E	N	A	T	A	R	B	C
A	N	T	Q	Ż	O	P	A	Z	M	N	Y	Z	U	K
M	A	C	I	E	R	Z	Y	Ń	S	K	I	P	F	O
M	Ą	Ż	R	V	N	H	P	T	E	E	K	R	R	G
O	W	T	S	Ń	I	C	E	I	Z	D	S	Z	W	J
D	J	S	I	O	S	T	R	A	C	A	W	O	U	K
N	Z	C	Q	Ł	T	X	H	K	Q	I	O	D	J	M
U	V	I	I	O	S	U	A	R	B	Z	C	E	E	K
W	G	J	E	E	Q	H	Z	Ó	P	D	J	K	K	C
V	T	O	Ł	C	C	V	Z	C	S	X	O	P	Q	T
E	G	O	E	T	I	Ł	D	Z	R	Y	W	Z	K	Q

PRZODEK
DZIECI
DZIECKO
KUZYN
CÓRKA
BRAT
DZIECIŃSTWO
MATKA
MĄŻ
MACIERZYŃSKI
ŻONA
BRATANEK
WNUK
BABCIA
DZIADEK
OJCIEC
OJCOWSKI
SIOSTRA
CIOTKA
WUJEK

78 - Creatività

I	W	V	V	Y	R	V	P	U	O	L	G	N	C	U
N	R	U	L	Z	T	T	O	M	V	S	H	G	C	E
S	A	N	W	C	P	A	M	I	W	X	A	L	N	X
P	Ż	W	I	Z	J	E	Y	E	I	C	U	Z	C	U
I	E	A	B	A	D	X	S	J	X	J	P	A	X	S
R	N	R	Z	L	L	B	Ł	Ę	F	Q	J	R	E	M
A	I	T	J	A	I	C	Y	T	T	E	C	B	Q	X
C	E	Y	Y	N	Z	C	I	N	A	T	N	O	P	S
J	E	S	G	Y	K	R	P	O	E	E	Z	N	D	S
A	M	T	D	W	U	N	Ć	Ś	O	N	N	Y	Ł	P
Y	O	Y	B	S	W	N	M	Ć	K	W	M	U	S	U
N	C	C	I	N	T	E	N	S	Y	W	N	O	Ś	Ć
Z	J	Z	I	N	T	U	I	C	J	A	D	B	T	S
L	E	N	W	Y	O	B	R	A	Ź	N	I	A	I	D
C	S	Y	D	R	A	M	A	T	Y	C	Z	N	Y	Q

UMIEJĘTNOŚĆ
ARTYSTYCZNY
DRAMATYCZNY
EMOCJE
PŁYNNOŚĆ
POMYSŁY
WYOBRAŹNIA
OBRAZ
WRAŻENIE
INTENSYWNOŚĆ
INTUICJA
WYNALAZCZY
INSPIRACJA
UCZUCIE
SPONTANICZNY
WIZJE

79 - Veicoli

K	T	Y	B	C	E	I	W	O	Ł	G	I	M	Ś	S
A	R	P	N	K	I	N	L	I	S	A	V	Y	A	Q
R	A	O	E	B	Q	Ę	B	L	X	J	H	O	Ł	W
A	T	G	J	R	R	X	Ż	W	L	L	K	T	Z	Y
W	W	X	B	Z	R	F	S	A	Y	W	Q	Y	S	K
A	A	Y	U	A	Y	M	A	G	R	E	T	U	K	S
N	S	G	U	Z	H	D	M	N	A	Ó	B	J	Y	L
A	N	K	Y	N	O	P	O	C	U	X	W	T	W	K
R	A	K	I	E	T	A	C	Z	T	X	V	K	Ł	P
P	L	I	P	D	I	W	H	T	O	L	O	M	A	S
O	U	N	R	O	X	Q	Ó	S	B	R	O	W	E	R
C	B	G	O	T	J	H	D	H	U	X	R	H	B	Ł
I	M	Ą	M	F	A	J	V	J	S	Q	T	G	E	Ó
Ą	A	I	Y	Ł	C	X	K	M	U	X	E	W	E	D
G	B	C	Ł	B	N	Z	I	P	W	P	M	C	I	Ź

SAMOLOT
AMBULANS
SAMOCHÓD
AUTOBUS
ŁÓDŹ
ROWER
CIĘŻARÓWKA
KARAWANA
ŚMIGŁOWIEC
METRO
SILNIK
OPONY
RAKIETA
SKUTER
TAXI
PROM
CIĄGNIK
POCIĄG
TRATWA

80 - Natura

U	I	T	M	E	Y	Ł	A	G	H	L	G	C	F	X
P	S	B	U	D	R	N	K	E	U	O	O	Ó	C	T
C	T	W	I	D	U	O	E	Y	I	Q	S	S	R	D
E	O	N	R	X	M	Y	Z	L	P	N	J	P	P	Y
I	T	C	A	Q	H	Ł	R	J	P	L	N	O	I	Ł
W	N	Ł	U	R	C	T	B	K	A	T	L	K	Ę	O
O	E	U	T	Z	W	I	E	R	Z	Ą	T	O	K	Z
D	Z	I	K	I	P	Q	O	P	F	M	P	J	N	C
O	T	Y	N	Z	C	Y	T	K	R	A	U	N	O	Z
L	B	Z	A	R	N	Ś	Q	U	V	Ł	S	Y	R	S
A	U	D	S	G	Ł	B	I	P	T	G	T	J	Z	P
N	P	A	P	X	U	O	E	L	O	M	Y	F	D	P
U	S	F	N	H	L	A	S	J	T	L	N	K	C	L
S	C	H	R	O	N	I	E	N	I	E	I	V	G	V
D	Y	N	A	M	I	C	Z	N	Y	K	A	Ł	Z	D

ZWIERZĄT
PSZCZOŁY
ARKTYCZNY
PIĘKNO
PUSTYNIA
DYNAMICZNY
EROZJA
RZEKA
LIŚCI
LAS

LODOWIEC
GÓRY
MGŁA
CHMURY
SCHRONIENIE
SANKTUARIUM
DZIKI
SPOKOJNY
ISTOTNE

81 - Balletto

I	N	T	E	N	S	Y	W	N	O	Ś	Ć	V	W	T
C	H	O	R	E	O	G	R	A	F	I	A	Ł	R	A
W	D	Z	I	Ę	C	Z	N	Y	B	Q	Z	K	E	N
W	Y	R	A	Z	I	S	T	Y	C	X	A	U	Q	C
K	A	D	N	M	U	Z	Y	K	A	O	U	I	E	E
M	N	I	K	S	A	L	K	O	K	P	R	Y	O	R
Ć	I	Ć	Ś	O	N	Z	C	I	L	B	U	P	O	Z
W	R	Ę	I	W	M	Z	R	P	R	Ó	B	A	R	E
I	E	K	Ś	N	N	P	X	Y	Ł	I	V	V	K	G
C	L	J	G	N	R	C	O	X	T	Ł	G	Ł	I	E
Z	A	X	K	H	I	A	P	Z	U	M	F	W	E	S
Y	B	N	C	W	L	E	T	F	Y	P	H	P	S	T
Ć	O	S	T	Y	L	Z	O	Y	Ł	T	T	H	T	K
A	R	T	Y	S	T	Y	C	Z	N	Y	O	D	R	E
U	M	I	E	J	Ę	T	N	O	Ś	Ć	F	R	A	L

UMIEJĘTNOŚĆ
OKLASKI
ARTYSTYCZNY
BALERINA
TANCERZE
KOMPOZYTOR
CHOREOGRAFIA
WYRAZISTY
GEST
WDZIĘCZNY

INTENSYWNOŚĆ
MIĘŚNIE
MUZYKA
ORKIESTRA
ĆWICZYĆ
PRÓBA
PUBLICZNOŚĆ
RYTM
STYL

82 - Paesi #1

L	A	G	E	N	E	S	A	J	G	P	J	F	B	F
B	I	Ł	X	L	L	Y	Q	H	V	G	Y	I	R	N
I	A	B	I	Z	R	A	E	L	U	W	C	N	A	A
M	F	D	I	C	R	J	M	Ł	L	X	M	L	Z	I
R	I	L	R	A	Y	Y	T	P	I	G	E	A	Y	R
A	V	E	A	D	Z	V	B	O	P	W	I	N	L	A
M	X	K	S	A	J	B	H	L	A	I	N	D	I	K
C	A	Y	I	N	L	S	V	S	N	E	G	I	A	N
W	P	L	E	A	O	E	J	K	A	T	U	A	Ż	O
H	V	N	I	K	Ł	I	U	A	M	N	H	T	D	R
P	U	R	X	A	M	D	R	Z	A	A	I	P	O	W
H	I	S	Z	P	A	N	I	A	E	M	I	Z	B	E
L	X	V	Y	E	B	I	N	G	C	N	N	I	M	G
Z	R	U	M	U	N	I	A	N	U	B	E	C	A	I
M	A	R	O	K	O	E	O	V	G	H	C	W	K	A

BRAZYLIA
KAMBODŻA
KANADA
EGIPT
FINLANDIA
NIEMCY
INDIE
IRAK
IZRAEL
LIBIA
MALI
MAROKO
NORWEGIA
PANAMA
POLSKA
RUMUNIA
SENEGAL
HISZPANIA
WENEZUELA
WIETNAM

83 - Geometria

N	R	P	P	I	R	L	W	Ś	Z	A	G	V	C	F
U	V	O	O	C	W	E	Y	R	A	I	M	Y	W	X
M	Z	W	Z	V	A	C	S	E	K	A	B	W	G	D
E	L	I	I	X	J	I	O	D	Z	K	L	O	T	Ł
R	F	E	O	H	C	N	K	N	B	Q	E	N	R	P
C	K	R	M	Ł	R	G	O	I	H	P	W	O	Ó	Ł
M	R	Z	Y	O	O	H	Ś	C	C	D	U	I	J	X
E	Z	C	B	B	P	K	Ć	A	I	Z	D	P	K	V
D	Y	H	U	L	O	H	A	W	I	I	Ł	K	Ą	N
I	W	N	A	I	R	T	E	M	Y	S	V	O	T	I
A	A	I	I	C	P	Ł	H	E	V	Ł	O	Q	N	G
N	T	A	R	Z	R	Ó	W	N	O	L	E	G	Ł	Y
A	T	G	O	E	I	N	A	N	W	Ó	R	Z	R	B
I	K	L	E	Ń	L	O	G	I	K	A	L	Ł	Ł	K
L	Ł	L	T	Ą	K	I	D	A	I	F	N	A	N	G

WYSOKOŚĆ
KĄT
OBLICZEŃ
KOŁO
KRZYWA
ŚREDNICA
WYMIAR
RÓWNANIE
LOGIKA
MEDIANA
NUMER
POZIOMY
RÓWNOLEGŁY
PROPORCJA
CZŁON
SYMETRIA
POWIERZCHNIA
TEORIA
TRÓJKĄT
PIONOWY

84 - Edifici

H	O	S	T	E	L	S	T	E	A	T	R	O	S	Q
K	B	I	K	R	B	T	O	I	M	A	N	B	U	U
C	A	Ż	E	I	W	O	O	A	U	Ł	O	S	P	N
S	X	B	C	C	R	D	R	M	F	O	I	E	E	I
H	Z	G	I	N	Q	O	A	V	C	K	D	R	R	W
N	W	P	I	N	S	Ł	M	B	L	Z	A	W	M	E
P	D	U	I	P	A	A	B	Ł	F	S	T	A	A	R
W	R	L	E	T	O	H	A	U	T	W	S	T	R	S
M	G	E	L	S	A	G	S	Z	O	O	X	O	K	Y
M	U	Z	E	U	M	L	A	Z	D	L	S	R	E	T
A	K	Y	R	B	A	F	D	F	A	H	X	I	T	E
N	I	J	W	G	Ł	U	A	I	Y	M	B	U	Ł	T
Z	N	K	Y	Q	J	I	Ł	F	F	P	E	M	T	O
Y	O	A	P	A	R	T	A	M	E	N	T	K	Ł	Z
L	A	B	O	R	A	T	O	R	I	U	M	O	P	N

AMBASADA
APARTAMENT
KABINA
ZAMEK
KINO
FABRYKA
STODOŁA
HOTEL
LABORATORIUM
MUZEUM

SZPITAL
OBSERWATORIUM
HOSTEL
SZKOŁA
STADION
SUPERMARKET
TEATR
NAMIOT
WIEŻA
UNIWERSYTET

85 - Malattia

R	T	H	N	B	G	U	N	X	Z	A	D	F	D	S
A	I	P	A	R	E	T	W	Ł	Ó	P	S	E	Z	E
P	D	Y	N	Z	C	I	N	O	R	H	C	B	I	R
L	P	R	Z	U	J	X	X	N	Q	V	Q	X	E	C
P	G	T	J	S	B	Q	G	N	E	D	F	C	D	E
S	Ł	S	U	Z	S	X	H	B	J	D	S	O	Z	O
Z	Ł	O	I	N	Z	E	E	E	X	A	G	B	I	D
S	A	A	E	Y	W	O	I	W	Ź	D	Ę	L	C	D
Q	O	R	B	S	F	H	W	N	G	Ł	M	I	Z	E
M	M	Z	A	Y	D	J	O	B	E	O	K	O	N	C
V	Ł	R	D	Ź	V	E	R	Y	K	L	P	C	Y	H
H	H	V	R	H	L	W	D	X	L	S	A	X	H	O
P	Ł	U	C	N	Y	I	Z	G	T	E	U	P	T	W
A	L	E	R	G	I	E	W	C	I	A	Ł	O	A	Y
W	E	L	L	N	E	S	S	Y	Ł	N	I	Ł	W	Z

OSTRY
BRZUSZNY
ALERGIE
WELLNESS
ZARAŹLIWY
CIAŁO
CHRONICZNY
SERCE
SŁABY
DZIEDZICZNY
ZAPALENIE
LĘDŹWIOWY
PŁUCNY
ODDECHOWY
ZDROWIE
ZESPÓŁ
TERAPIA

86 - Paesi #2

I	A	I	Y	S	P	V	G	A	S	E	Ł	V	Ł	E
R	I	X	J	G	A	J	S	O	R	U	N	Q	P	T
L	Ł	Z	T	N	K	K	G	Z	T	N	D	I	M	I
A	I	R	E	B	I	L	X	C	F	I	D	A	I	O
N	A	I	R	Y	S	O	A	L	K	G	T	P	N	P
D	O	L	R	V	T	K	Y	S	K	E	M	I	N	I
I	L	L	B	I	A	M	C	U	N	R	Q	M	A	A
A	E	A	L	A	N	P	E	U	E	I	A	C	J	H
D	A	N	I	A	N	C	J	K	P	A	U	H	Z	N
R	J	M	M	K	U	I	M	R	A	I	G	W	E	A
A	C	D	W	J	P	Ł	A	A	L	N	A	Y	N	Q
L	E	X	F	A	R	J	H	I	Y	O	N	A	O	L
U	R	N	U	M	I	C	Q	N	T	P	D	F	D	R
C	G	K	G	A	F	F	G	A	B	A	A	B	N	E
T	Q	U	Q	J	V	C	C	Ł	Ł	J	W	V	I	D

ALBANIA
DANIA
ETIOPIA
JAMAJKA
JAPONIA
GRECJA
HAITI
INDONEZJA
IRLANDIA
LAOS
LIBERIA
MEKSYK
NEPAL
NIGERIA
PAKISTAN
ROSJA
SYRIA
SUDAN
UKRAINA
UGANDA

87 - Tipi di Capelli

S	B	U	D	P	T	K	Q	P	W	K	B	B	N	H
Z	Y	S	D	G	L	N	D	R	X	K	S	I	T	J
A	S	I	I	W	A	E	Z	C	O	K	R	A	W	O
R	K	R	Ó	T	K	I	C	Z	E	Ł	E	Z	B	Y
Y	H	C	U	S	G	K	Q	I	W	P	V	F	R	Ł
V	B	D	Z	Y	Ł	A	I	B	O	U	K	O	Ą	U
M	B	O	Ł	B	G	A	P	Ł	R	N	Q	D	Z	K
Z	I	P	E	U	E	S	O	Y	O	S	Y	G	O	R
D	K	Ę	Ł	R	G	W	R	B	L	O	N	D	W	Ę
R	O	K	K	G	R	I	B	E	O	D	R	X	Y	C
O	L	I	I	K	V	K	E	G	K	P	A	A	S	O
W	Q	F	F	H	I	N	R	H	J	P	Z	V	Y	N
Y	S	D	X	J	U	E	S	G	J	S	C	I	Ł	E
P	A	S	C	R	M	I	K	D	A	Ł	G	P	U	X
U	H	Ł	M	Ł	X	C	U	H	A	T	R	S	U	F

SREBRO
SUCHY
BIAŁY
BLOND
KRÓTKI
ŁYSY
KOLOROWE
SZARY
PLECIONY
GŁADKI
DŁUGIE
BRĄZOWY
MIĘKKI
CZARNY
KRĘCONE
LOKI
ZDROWY
CIENKI
GRUBY
WARKOCZE

88 - Vestiti

S	U	K	I	E	N	K	A	Z	U	L	B	R	S	S
A	Ł	F	C	J	M	E	U	D	A	C	S	Ę	P	D
S	Z	A	L	I	K	I	B	C	Y	K	L	K	Ó	P
D	D	G	I	E	U	A	D	Q	D	I	U	A	D	M
P	K	A	P	Ł	A	S	Z	C	Z	J	Q	W	N	U
Z	A	K	T	E	L	O	S	N	A	R	B	I	I	Ł
S	A	N	D	A	Ł	Y	P	A	M	V	B	C	C	E
U	K	Q	B	O	A	T	A	S	D	R	J	Z	A	K
L	O	X	V	S	H	A	S	Z	Y	O	B	K	A	P
E	S	I	R	N	C	E	F	Y	V	D	M	I	B	I
P	Z	L	T	E	U	S	H	J	S	W	H	S	Z	Ż
A	U	K	U	R	T	K	A	N	Z	D	O	I	Ł	A
K	L	T	B	C	R	E	E	I	N	D	O	P	S	M
D	A	M	M	Ł	A	H	W	K	F	M	F	Ł	G	A
A	U	Y	Q	Z	F	Ł	Y	S	N	I	Ż	D	U	E

SUKIENKA
BRANSOLETKA
BLUZA
KOSZULA
KAPELUSZ
PŁASZCZ
PAS
NASZYJNIK
KURTKA
SPÓDNICA
FARTUCH
RĘKAWICZKI
DŻINSY
SWETER
MODA
SPODNIE
PIŻAMA
SANDAŁY
BUT
SZALIK

89 - Attività e Tempo Libero

W	Z	P	Y	B	W	P	O	D	R	Ó	Ż	B	K	S
K	Ę	D	P	E	A	Ę	Q	Q	Ł	Q	D	S	E	P
O	L	D	U	I	R	S	D	Q	K	C	A	Z	M	Ł
S	K	O	K	N	E	M	E	R	S	H	Q	T	P	Y
Z	F	G	A	A	B	Ł	M	B	Ó	U	L	U	I	W
Y	T	V	Z	W	R	L	T	M	A	W	E	K	N	A
K	Y	B	B	O	H	S	L	R	K	L	K	A	G	N
Ó	C	E	P	K	U	I	T	E	L	A	L	I	C	I
W	B	D	E	R	B	N	W	W	U	O	Z	O	R	E
K	Q	I	K	U	U	E	F	L	O	G	R	M	Y	P
A	L	E	O	N	Q	T	S	U	R	F	I	N	G	A
O	D	P	R	Ę	Ż	A	J	Ą	C	Y	B	X	H	X
M	A	L	A	R	S	T	W	O	J	Z	O	Ł	Z	R
O	G	R	O	D	N	I	C	T	W	O	K	W	E	L
S	I	A	T	K	Ó	W	K	A	G	E	S	P	G	X

SZTUKA
BASEBALL
KOSZYKÓWKA
BOKS
KEMPING
WĘDRÓWKI
OGRODNICTWO
GOLF
HOBBY
NURKOWANIE
PŁYWANIE
SIATKÓWKA
WĘDKARSTWO
MALARSTWO
ODPRĘŻAJĄCY
ZAKUPY
SURFING
TENIS
PODRÓŻ

90 - Corpo Umano

K	F	R	O	M	O	W	G	Ł	K	F	Y	P	Q	J
E	O	H	C	U	O	K	O	O	O	X	Y	O	K	I
D	V	L	Ł	O	K	I	E	Ć	S	B	V	D	M	M
Ą	E	J	A	J	Y	Z	S	L	T	O	Z	B	M	Q
Ł	C	A	G	N	W	L	H	N	K	W	N	R	G	O
O	R	Y	O	A	O	Ę	I	M	A	R	O	Ó	Ł	X
Ż	E	Ę	N	C	A	Ł	S	Q	N	C	L	D	O	Y
S	S	S	K	C	M	N	K	D	A	S	Q	E	W	D
U	S	T	A	A	M	G	Ó	O	K	O	G	K	A	P
H	Q	R	O	W	G	Z	R	A	W	T	Z	T	D	O
S	D	Ł	G	T	F	Ó	A	G	A	M	D	M	F	E
W	N	V	H	A	Z	M	M	W	B	F	R	B	L	T
K	R	E	W	W	T	Z	A	Z	S	K	Q	E	I	R
P	A	L	E	C	R	U	P	J	D	G	Z	X	S	Q
D	W	W	X	S	T	T	J	L	T	U	M	L	F	C

USTA
KOSTKA
MÓZG
SZYJA
SERCE
PALEC
TWARZ
NOGA
KOLANO
ŁOKIEĆ
RĘKA
PODBRÓDEK
NOS
OKO
UCHO
SKÓRA
KREW
RAMIĘ
ŻOŁĄDEK
GŁOWA

91 - Mammiferi

S	Z	A	K	K	L	L	D	B	Y	K	F	S	Q	M
K	E	Z	R	O	A	A	X	B	K	X	W	H	V	A
O	B	H	Ó	T	V	V	M	O	W	C	E	N	U	Ł
Ń	R	N	L	N	I	E	D	Ź	W	I	E	D	Ź	P
P	A	Y	I	W	N	A	T	P	K	O	J	O	T	A
D	Ł	P	K	F	I	U	X	I	Ż	Y	R	A	F	A
E	L	Ł	W	F	L	E	B	E	S	Ł	O	Ń	G	G
V	L	E	W	F	I	E	L	S	U	S	C	N	Ł	H
N	V	H	Ł	L	S	G	D	O	F	U	V	N	T	T
P	K	Z	V	Y	Ł	O	U	X	R	W	I	L	K	U
J	G	Ł	A	I	C	R	C	M	U	Y	M	V	J	L
V	E	B	Y	K	X	Y	F	U	G	L	B	W	S	B
R	G	L	L	M	L	L	I	Z	N	Ł	X	J	I	M
B	O	P	E	K	I	F	Y	Y	A	B	G	E	D	M
P	T	G	C	Ń	K	U	D	T	K	D	P	K	O	H

WIELORYB
PIES
KANGUR
KOŃ
JELEŃ
KRÓLIK
KOJOT
DELFIN
SŁOŃ
KOT
ŻYRAFA
GORYL
LEW
WILK
NIEDŹWIEDŹ
OWCE
MAŁPA
BYK
LIS
ZEBRA

92 - Cucina

C	K	Ć	Z	Z	L	D	P	C	Q	L	H	M	R	P
Z	H	Ś	X	Q	R	O	A	G	Z	B	L	D	Ł	P
A	Ł	O	E	Ż	O	N	Ł	Ą	Q	A	K	S	I	M
M	Y	N	C	A	I	M	E	B	T	N	J	T	T	X
R	Ż	W	L	H	L	N	C	K	B	Q	X	N	E	R
A	K	Y	E	G	L	R	Z	A	F	X	Y	C	I	Q
Ż	I	Ż	D	B	I	A	K	T	E	W	R	E	S	K
A	Ł	W	I	X	R	I	I	T	W	V	L	D	F	I
R	F	O	W	K	G	G	I	L	X	W	O	S	A	N
K	I	O	Ł	S	B	H	K	T	J	Ł	D	F	R	R
A	C	V	R	D	H	U	Ł	E	I	C	Ó	Q	T	A
D	Z	B	A	N	E	K	K	D	P	X	W	U	U	K
P	R	Z	Y	P	R	A	W	Y	Y	A	K	V	C	E
X	V	L	Q	W	G	O	K	R	J	N	A	A	H	I
P	R	Z	E	P	I	S	M	Q	D	R	K	A	X	P

PAŁECZKI
CZAJNIK
DZBANEK
ŻYWNOŚĆ
MISKA
NOŻE
ZAMRAŻARKA
ŁYŻKI
WIDELCE
PIEKARNIK
LODÓWKA
FARTUCH
GRILL
CHOCHLA
PRZEPIS
PRZYPRAWY
GĄBKA
KUBKI
SERWETKA
SŁOIK

93 - Giardinaggio

E	G	W	B	L	I	Ś	C	I	K	Y	F	C	G	X
N	V	I	S	U	Ł	U	Y	W	O	T	A	I	W	K
O	L	L	Q	Z	K	V	U	C	M	N	E	Q	S	Z
X	G	G	O	P	E	I	B	O	P	Q	G	Z	I	N
J	T	O	K	I	N	M	E	J	O	P	Z	V	K	A
Q	A	Ć	P	C	U	V	S	T	S	X	O	F	B	S
E	M	D	K	D	T	G	C	Y	T	E	T	G	O	E
I	I	F	A	W	A	Q	U	P	B	M	Y	L	T	Z
Z	L	L	X	L	G	Z	R	Z	C	B	C	O	A	O
Q	K	U	Ć	Ą	N	T	I	W	K	R	Z	Ł	N	N
S	N	R	Ś	Y	X	Y	U	Y	T	U	N	P	I	O
F	X	Z	I	Q	P	X	O	T	Z	D	Y	R	C	W
Y	D	Ł	L	G	L	E	B	A	D	W	Ą	Ż	Z	Y
O	N	A	S	I	O	N	A	X	E	V	U	H	N	O
C	Ł	T	S	Q	Ł	W	O	D	A	Q	F	K	Y	X

WODA
BOTANICZNY
KLIMAT
JADALNY
KOMPOST
POJEMNIK
EGZOTYCZNY
KWITNĄĆ
KWIATOWY
LIŚĆ
LIŚCI
SAD
BUKIET
NASIONA
GATUNEK
BRUD
SEZONOWY
GLEBA
WĄŻ
WILGOĆ

94 - Universo

A	L	U	C	P	Y	B	X	P	Z	N	K	W	K	Q
T	S	X	E	P	N	A	G	Ó	O	I	O	I	S	Q
I	G	T	L	X	Z	R	G	Ł	D	E	S	D	I	W
B	K	X	R	P	C	E	Y	K	I	B	M	O	Ę	F
R	Y	T	B	O	E	F	E	U	A	I	I	C	Ż	O
O	N	X	L	K	N	S	O	L	K	A	C	Z	Y	A
Ł	R	O	P	S	O	O	N	A	X	Ń	Z	N	C	K
A	N	C	Z	E	Ł	M	M	J	U	S	N	Y	M	Y
R	S	I	E	L	S	T	W	I	B	K	Y	O	F	T
X	Ó	T	O	E	M	A	X	C	A	I	G	F	M	K
E	I	W	R	T	R	A	S	T	E	R	O	I	D	A
Ł	H	A	N	O	C	I	E	M	N	O	Ś	Ć	C	L
D	O	B	E	I	N	H	O	R	Y	Z	O	N	T	A
B	H	H	Ł	Z	K	O	V	L	Y	Q	T	Q	Q	G
F	K	L	X	K	J	E	M	X	R	O	W	Z	P	D

ASTEROIDA
ASTRONOMIA
ASTRONOM
ATMOSFERA
CIEMNOŚĆ
NIEBIAŃSKI
NIEBO
KOSMICZNY
PÓŁKULA
EON
RÓWNIK
GALAKTYKA
KSIĘŻYC
ORBITA
HORYZONT
SŁONECZNY
TELESKOP
WIDOCZNY
ZODIAK

95 - Jazz

P	T	D	A	K	I	N	H	C	E	T	R	J	S	V
A	A	K	Y	Z	U	M	A	O	L	Z	A	U	T	Ł
R	K	O	N	C	E	R	T	C	Y	H	U	L	A	M
O	N	C	M	U	B	L	A	G	I	Y	G	U	R	L
T	E	A	T	S	Y	T	R	A	X	S	A	B	Y	X
Y	S	H	Y	I	N	W	H	T	F	H	K	I	Q	B
Z	O	W	R	S	W	P	O	U	Ł	S	G	O	P	A
O	I	V	B	U	A	R	R	N	T	B	M	N	T	W
P	P	D	K	A	Ł	N	F	E	P	A	G	E	A	K
M	W	N	G	Z	S	Ł	K	K	M	G	L	Y	T	S
O	M	O	R	K	I	E	S	T	R	A	S	E	B	R
K	O	M	P	O	Z	Y	C	J	A	L	O	X	N	E
Y	B	G	P	T	N	P	G	A	F	C	H	C	F	T
I	M	P	R	O	W	I	Z	A	C	J	A	Ł	V	Z
O	H	O	K	L	A	S	K	I	L	Y	Q	S	P	A

ALBUM
OKLASKI
ARTYSTA
PIOSENKA
KOMPOZYTOR
KOMPOZYCJA
KONCERT
NACISK
SŁAWNY
GATUNEK
IMPROWIZACJA
MUZYKA
NOWY
ORKIESTRA
ULUBIONE
RYTM
STYL
TALENT
TECHNIKA
STARY

96 - Vacanze #2

G	C	K	T	Z	O	K	S	I	N	T	O	L	W	M
Ó	E	P	L	A	Ż	A	E	H	Ł	V	H	D	A	W
R	I	Q	H	E	Z	R	O	M	W	I	Z	A	K	I
Y	M	L	P	X	T	R	F	Y	P	D	K	C	A	E
I	E	K	B	X	O	O	M	R	W	I	E	W	C	S
H	I	R	D	I	I	K	H	P	D	I	N	W	J	G
P	Z	R	A	O	M	T	A	X	I	L	Y	G	E	J
Q	O	G	B	I	A	P	S	Y	W	K	Z	W	E	Ł
D	Z	D	X	C	N	B	W	J	U	P	C	Ł	M	P
Z	D	T	R	O	P	S	N	A	R	T	O	A	O	O
I	U	I	I	Ó	C	C	B	Z	S	X	P	N	F	C
I	C	F	D	Q	Ż	H	R	E	M	Q	Y	P	E	I
Z	D	J	Ę	C	I	A	V	A	A	H	W	Y	E	Ą
N	J	D	M	B	L	T	R	O	P	Z	S	A	P	G
I	T	F	A	J	C	A	R	U	A	T	S	E	R	M

LOTNISKO
KEMPING
ZDJĘCIA
HOTEL
WYSPA
MAPA
MORZE
GÓRY
PASZPORT
RESTAURACJA
PLAŻA
CUDZOZIEMIEC
TAXI
WYPOCZYNEK
NAMIOT
TRANSPORT
POCIĄG
WAKACJE
PODRÓŻ
WIZA

97 - Attività

X	N	P	I	A	M	S	B	I	C	K	L	P	W	Y
L	O	Ł	K	K	Z	U	G	R	V	I	Ł	R	G	C
I	Z	E	W	I	D	B	G	C	D	G	G	Z	R	Z
G	Y	T	Ó	M	J	A	K	U	T	Z	S	Y	Y	Y
F	U	Q	R	A	R	Ł	G	W	O	O	K	J	U	T
M	S	O	D	R	P	S	N	A	S	D	A	E	M	A
T	A	D	Ę	E	K	O	I	L	Z	U	L	M	I	N
Q	A	G	W	C	G	I	P	T	Y	Y	E	N	E	I
X	U	N	I	Ł	E	M	M	Z	C	J	R	O	J	E
N	S	C	I	A	F	E	E	B	I	Ł	V	Ś	Ę	S
P	E	O	F	E	X	Z	K	Q	E	Y	F	Ć	T	T
H	T	K	Y	Ł	C	R	O	O	S	D	J	V	N	Y
D	Z	I	A	Ł	A	L	N	O	Ś	Ć	I	W	O	M
J	W	M	B	P	O	L	O	W	A	N	I	E	Ś	U
F	O	T	O	G	R	A	F	I	A	B	S	N	Ć	D

UMIEJĘTNOŚĆ
SZTUKA
RZEMIOSŁA
DZIAŁALNOŚĆ
POLOWANIE
KEMPING
CERAMIKA
SZYCIE
TANIEC
WĘDRÓWKI
FOTOGRAFIA
GRY
CZYTANIE
MAGIA
PRZYJEMNOŚĆ
ZAGADKI
RELAKS

98 - Diplomazia

B	D	K	A	M	P	A	N	I	E	H	C	P	V	R
Z	Y	A	F	Z	I	K	Y	Z	Ę	J	S	H	R	O
I	S	C	E	R	M	Y	E	Ł	X	V	U	U	O	Z
K	K	D	Y	U	Y	T	K	X	D	S	Ł	C	D	W
S	U	A	Ą	Q	U	E	K	K	S	F	C	D	A	I
L	S	R	V	Z	H	C	E	I	D	T	B	F	S	Ą
E	J	O	O	H	R	E	Z	O	L	U	C	J	A	Z
T	A	D	C	P	W	G	M	N	W	F	Q	H	B	A
A	M	B	A	S	A	D	A	M	Z	C	N	R	M	N
W	U	C	Z	C	I	W	O	Ś	Ć	M	M	O	A	I
Y	W	S	P	Ó	Ł	P	R	A	C	A	Q	E	K	E
B	A	F	G	T	R	A	K	T	A	T	U	Y	Q	K
O	D	Y	P	L	O	M	A	T	Y	C	Z	N	Y	Ł
Ł	C	M	U	I	P	O	L	I	T	Y	K	A	Z	J
D	A	C	Ł	R	D	O	B	Y	W	A	T	E	L	E

AMBASADA
AMBASADOR
KAMPANIE
OBYWATELE
OBYWATELSKI
KONFLIKT
DORADCA
WSPÓŁPRACA
DYPLOMATYCZNY
DYSKUSJA
ETYKA
RZĄD
UCZCIWOŚĆ
JĘZYKI
POLITYKA
REZOLUCJA
ROZWIĄZANIE
TRAKTAT

99 - Forniture Artistiche

W	G	E	S	K	D	I	W	Z	E	A	Q	P	O	B
S	T	Ó	Ł	L	P	J	O	M	Y	T	O	A	M	S
I	G	P	P	E	L	Z	D	Ę	P	R	L	S	U	B
I	I	H	N	J	Y	A	A	D	I	A	E	T	G	X
Ł	E	J	M	D	R	R	C	P	X	M	J	E	J	H
K	H	Y	Ł	W	K	K	Q	A	W	E	Ł	L	M	O
C	O	S	Z	T	A	L	U	G	A	N	J	E	B	N
C	Ł	L	O	Ł	Ó	W	K	I	G	T	L	F	E	Q
E	S	H	O	G	L	I	N	A	F	U	H	O	L	K
C	E	R	K	R	E	I	P	A	P	E	M	Z	E	A
S	Z	D	G	R	Y	V	X	M	Q	Ł	F	K	R	M
K	R	E	A	T	Y	W	N	O	Ś	Ć	A	Q	A	E
N	K	Q	G	K	R	J	J	V	W	U	R	D	W	R
O	S	D	R	D	V	Q	Q	A	U	T	B	U	K	A
P	O	M	Y	S	Ł	Y	T	S	E	H	Y	X	A	Q

WODA
AKWARELE
AKRYL
GLINA
PAPIER
SZTALUGA
KLEJ
KOLORY
KREATYWNOŚĆ
GUMKA
POMYSŁY
ATRAMENT
OŁÓWKI
OLEJ
PASTELE
KRZESŁO
PĘDZLE
STÓŁ
KAMERA
FARBY

100 - Misurazioni

R	G	K	G	Ł	P	H	W	C	Z	S	B	U	D	T
T	O	N	A	G	A	W	K	Y	X	Ć	L	L	Ł	Ł
E	T	T	Y	G	B	A	I	O	S	Ś	M	A	S	A
M	A	R	G	R	I	T	L	B	A	O	E	C	Y	Q
Y	X	K	Ń	E	I	P	O	T	S	K	K	E	W	N
T	W	U	I	D	I	Q	M	J	L	O	R	O	Ć	E
N	H	B	F	L	L	A	E	A	U	B	D	O	Ś	A
E	M	E	T	R	O	R	T	B	D	Ę	Ł	B	O	Ć
C	D	S	C	E	J	G	R	J	B	Ł	U	J	K	J
K	P	M	N	A	K	B	R	V	F	G	G	Ę	O	R
X	R	J	S	U	L	T	R	A	C	T	O	T	R	X
L	I	T	R	N	B	E	H	R	M	D	Ś	O	E	T
M	Ł	J	X	C	M	I	N	U	T	A	Ć	Ś	Z	U
O	E	H	D	J	A	U	G	F	O	D	I	Ć	S	B
V	W	L	N	A	D	Z	I	E	S	I	Ę	T	N	Y

WYSOKOŚĆ
BAJT
CENTYMETR
KILOGRAM
KILOMETR
DZIESIĘTNY
STOPIEŃ
GRAM
SZEROKOŚĆ
LITR
DŁUGOŚĆ
MASA
METR
MINUTA
UNCJA
WAGA
CAL
GŁĘBOKOŚĆ
TONA
OBJĘTOŚĆ

1 - Salute e Benessere #2

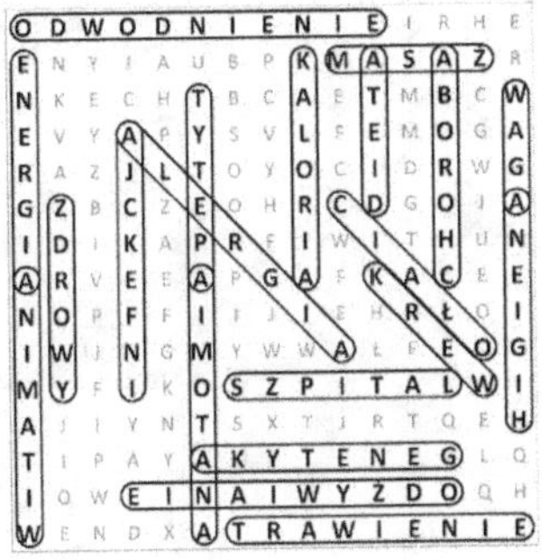

2 - Aggettivi #2

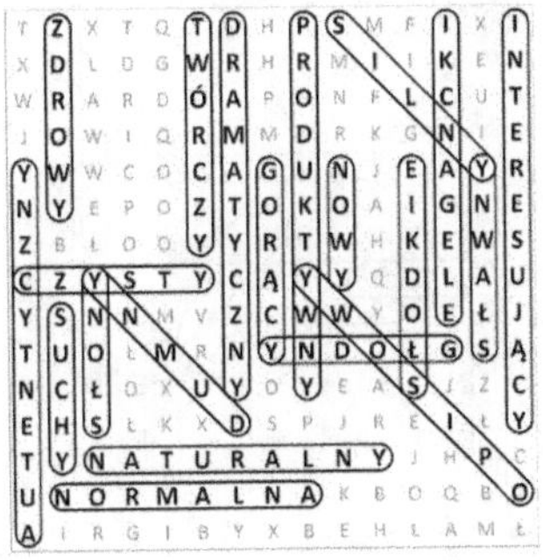

3 - Ingegneria

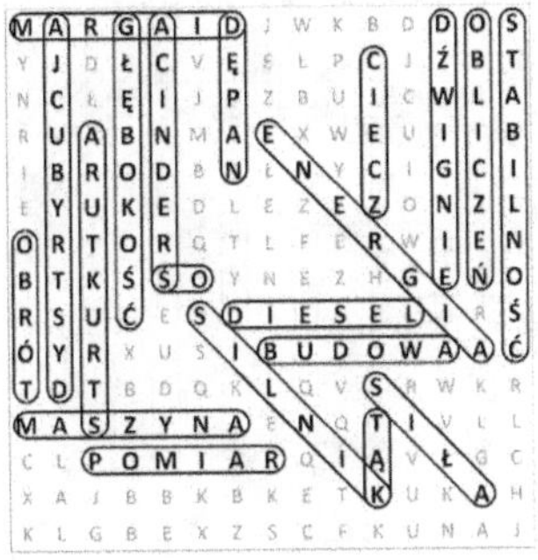

4 - Archeologia

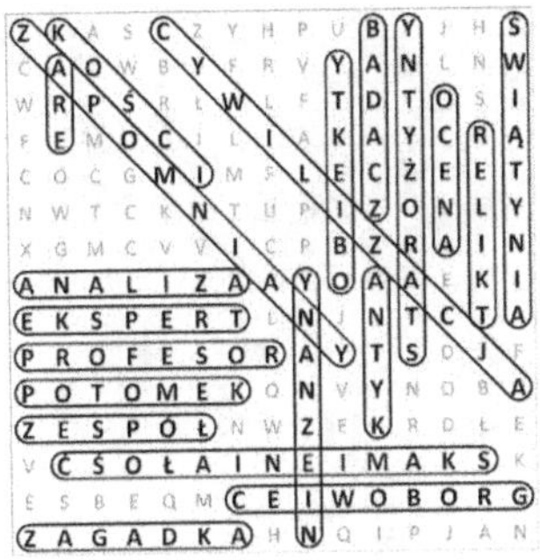

5 - Salute e Benessere #1

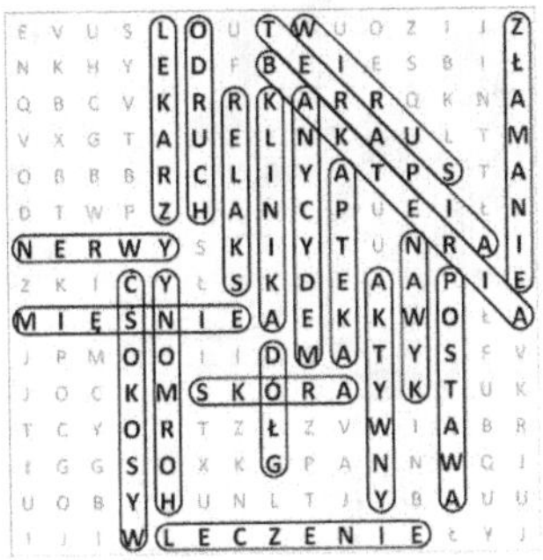

6 - Aggettivi #1

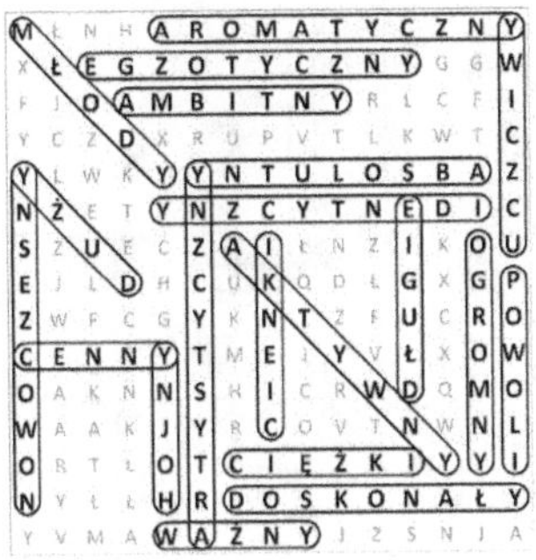

7 - Geologia

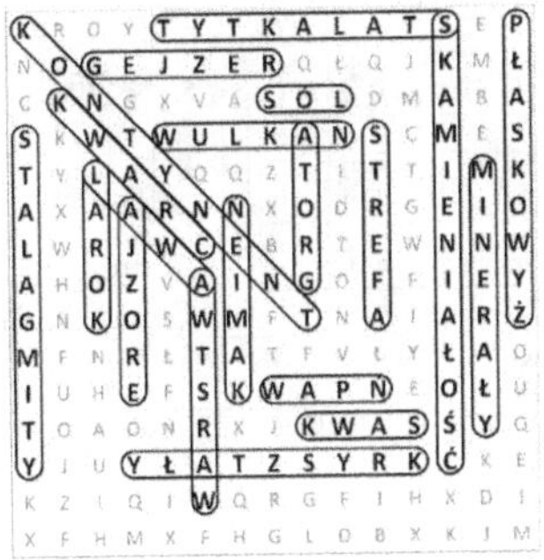

8 - Campeggio

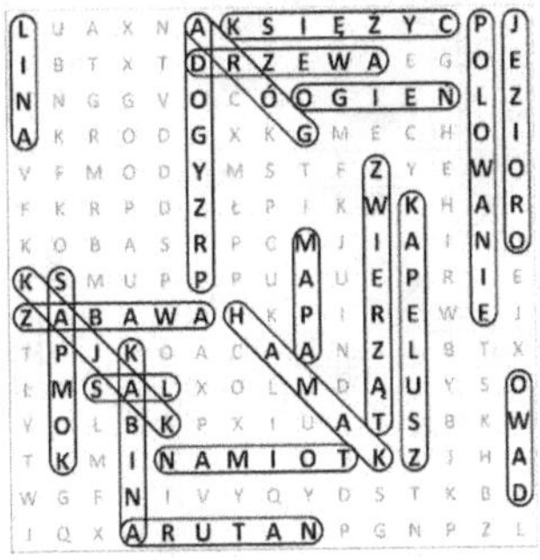

9 - Tempo

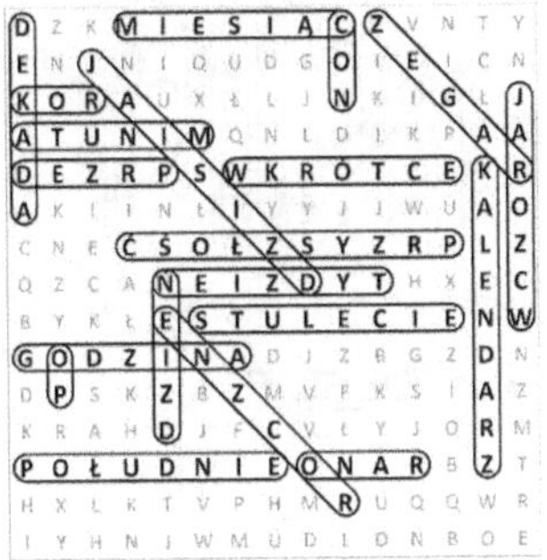

10 - Astronomia

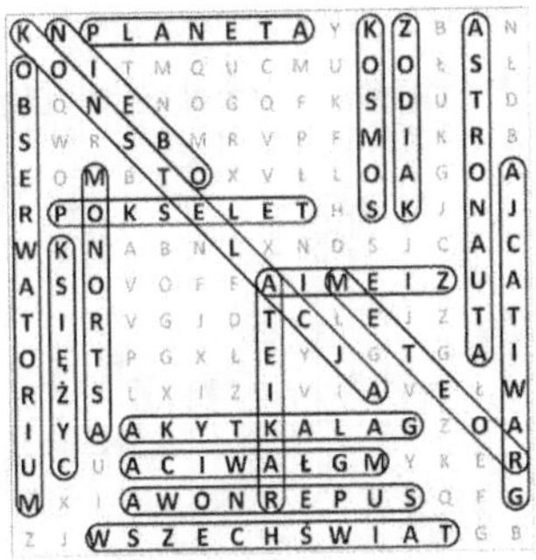

11 - Algebra

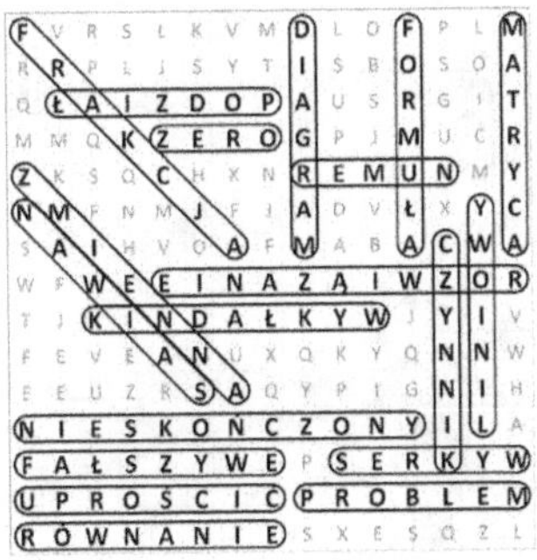

12 - Mitologia

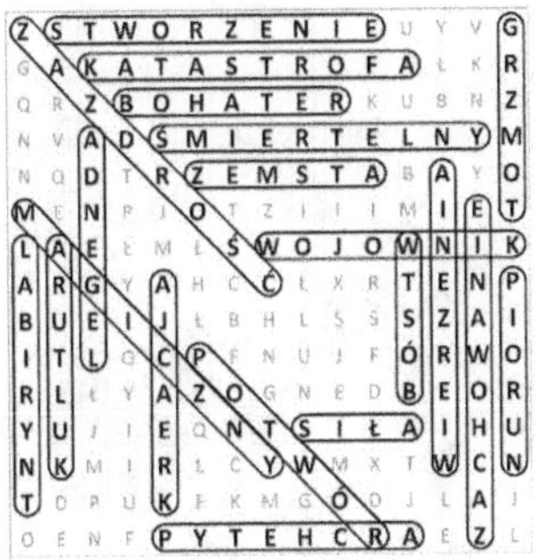

13 - Piante

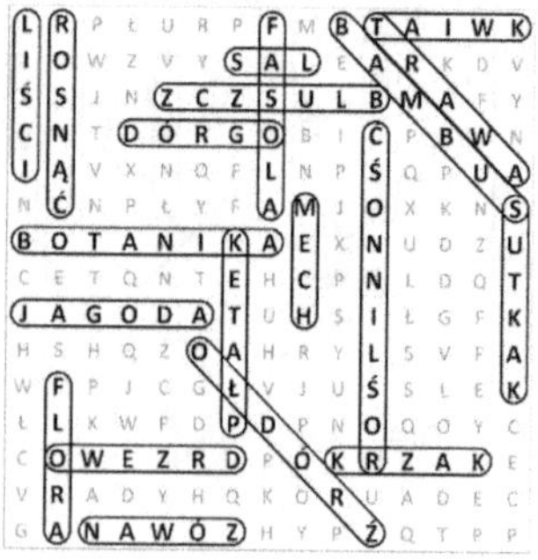

14 - Spezie

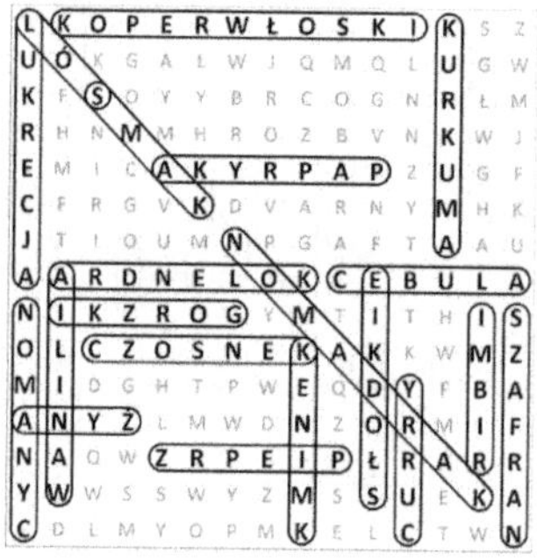

15 - Numeri

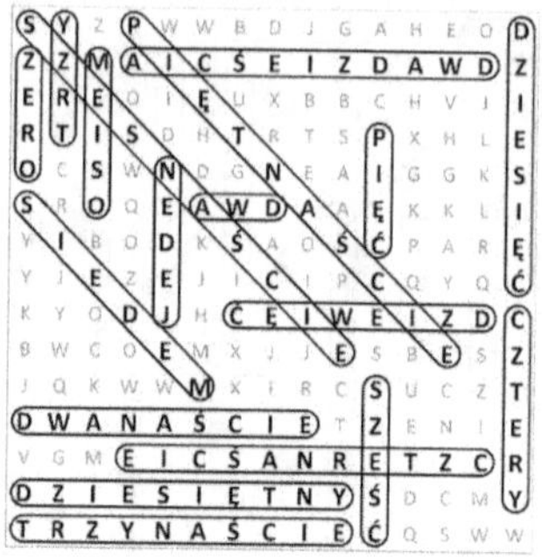

16 - Guida

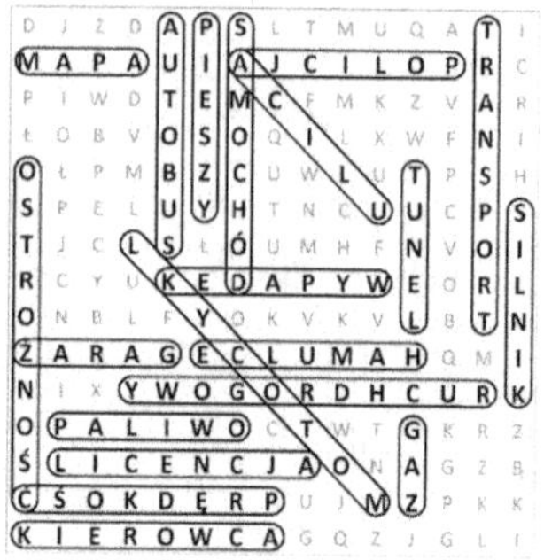

17 - I Media

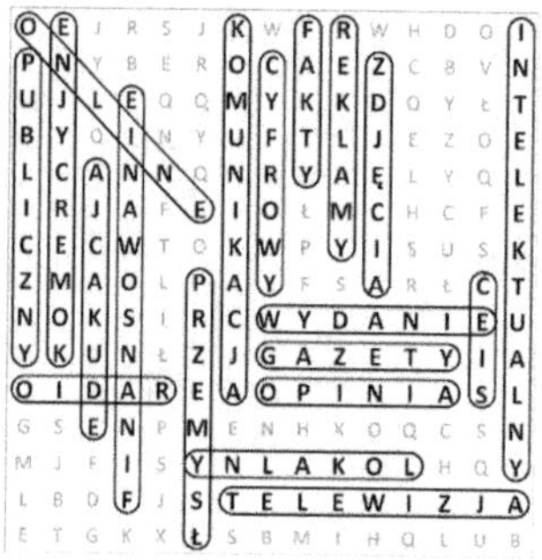

18 - Forza e Gravità

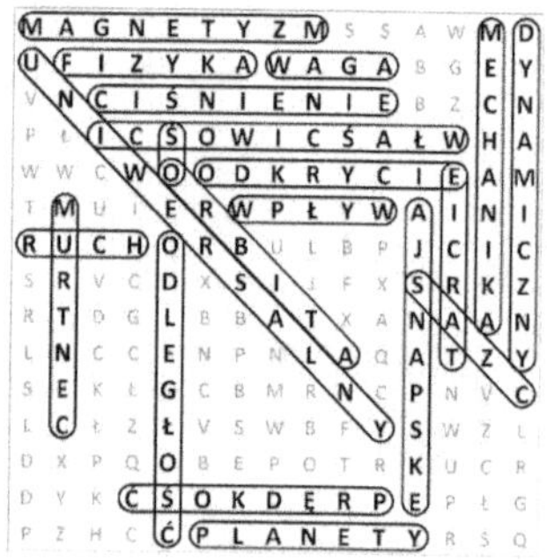

19 - Sport

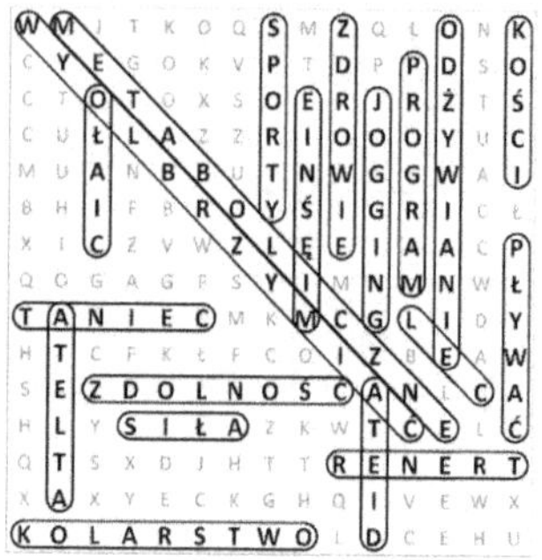

20 - Caffè

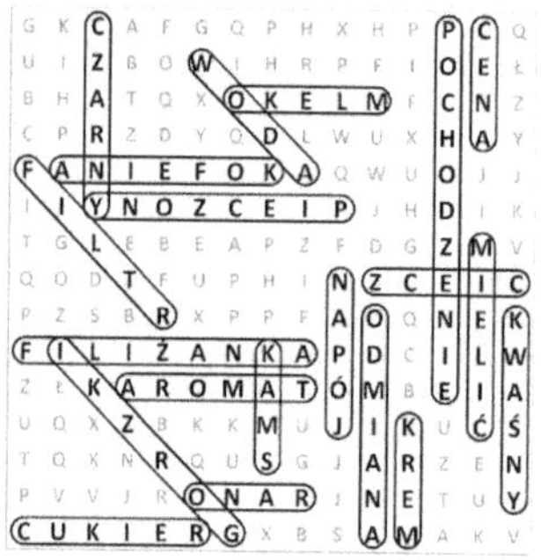

21 - Uccelli

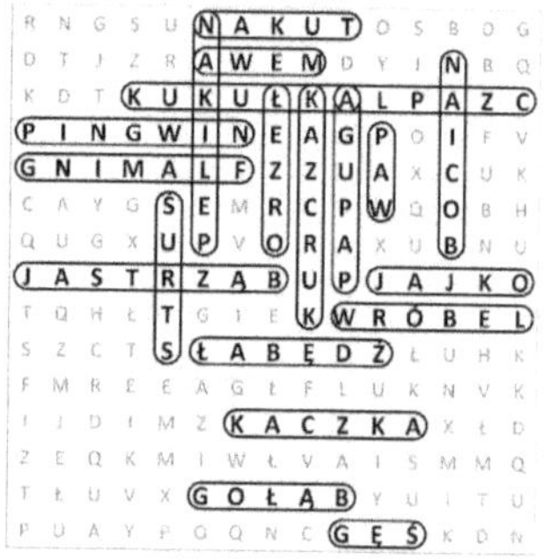

22 - Giorni e Mesi

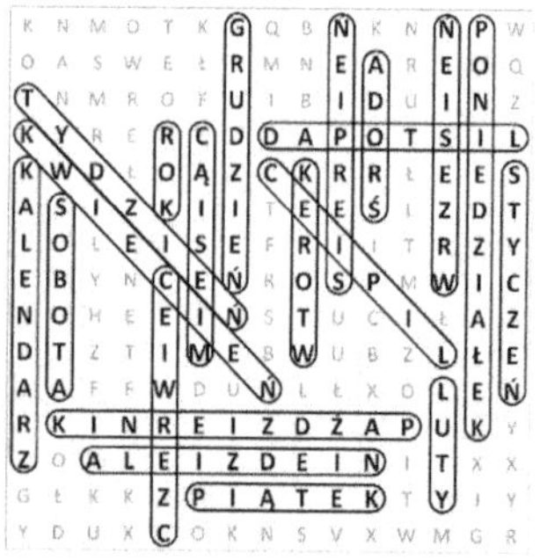

23 - Casa

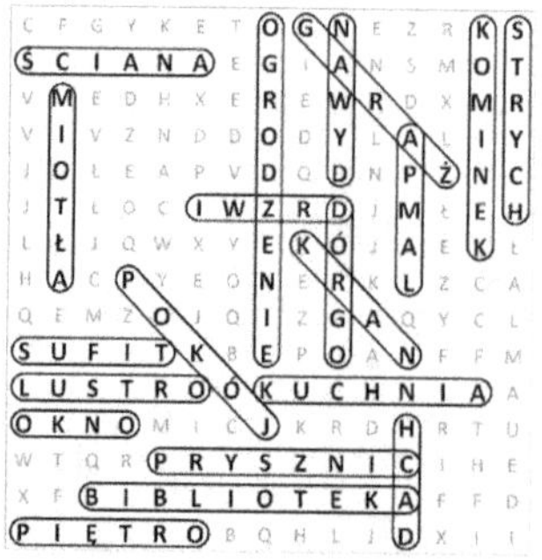

24 - Ristorante #1

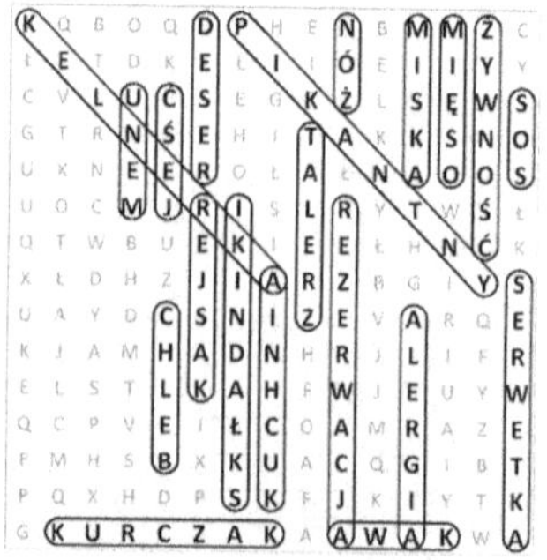

25 - Fantascienza

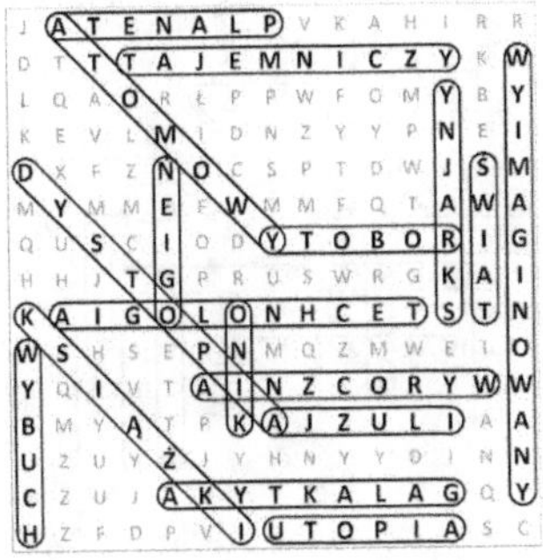

26 - Città

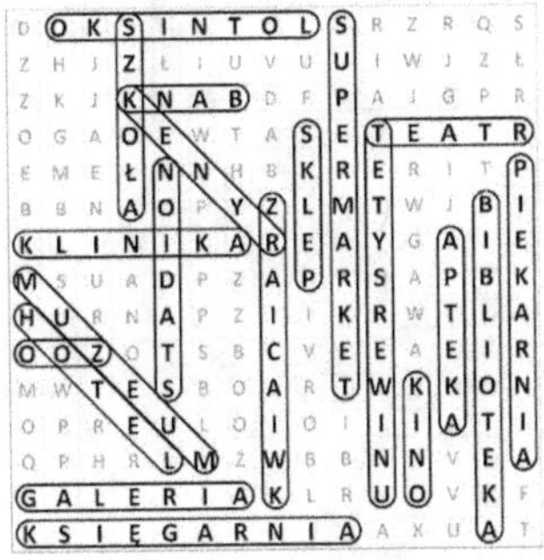

27 - Fattoria #1

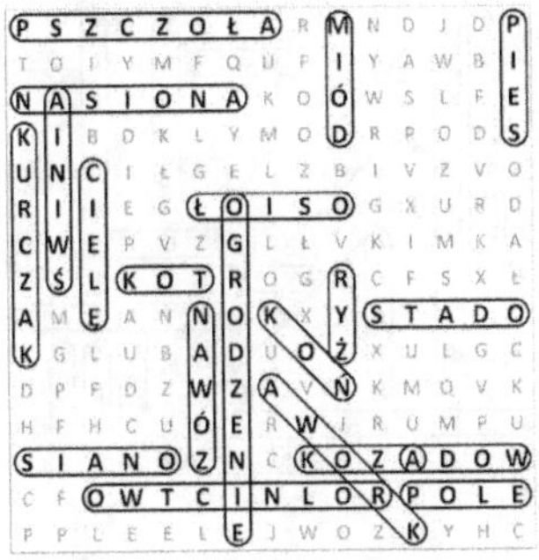

28 - Psicologia

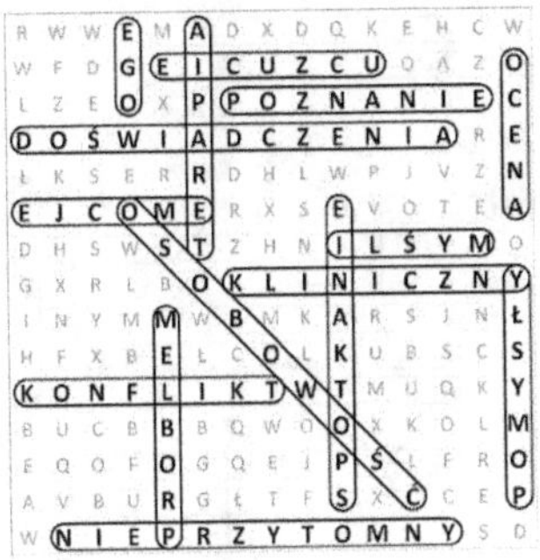

29 - Paesaggi

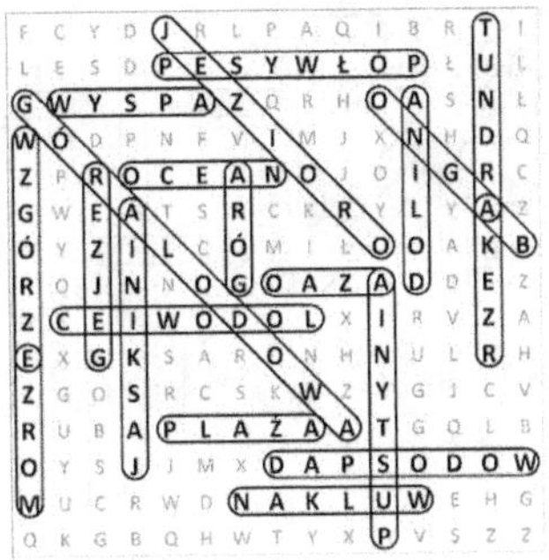

30 - Energia

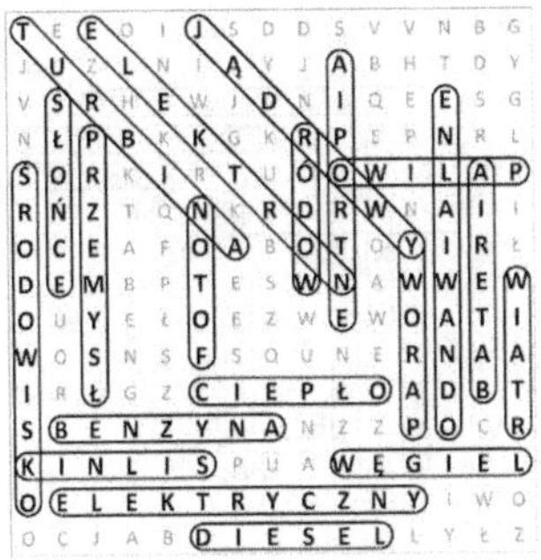

31 - Moda

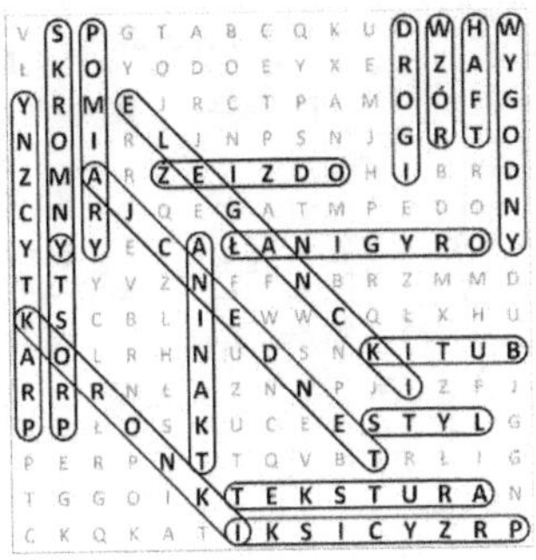

32 - L'Azienda

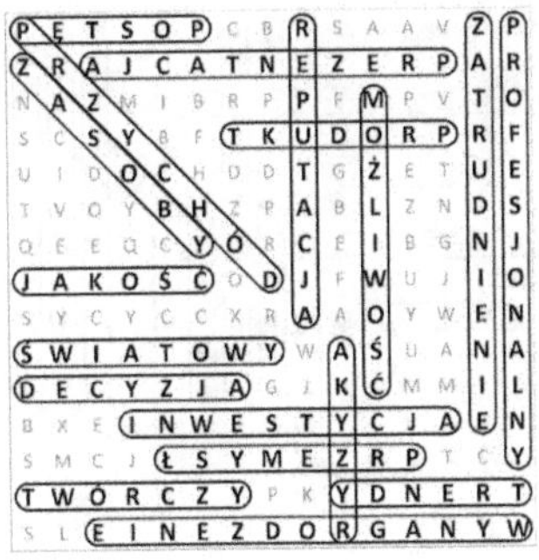

33 - Giardino

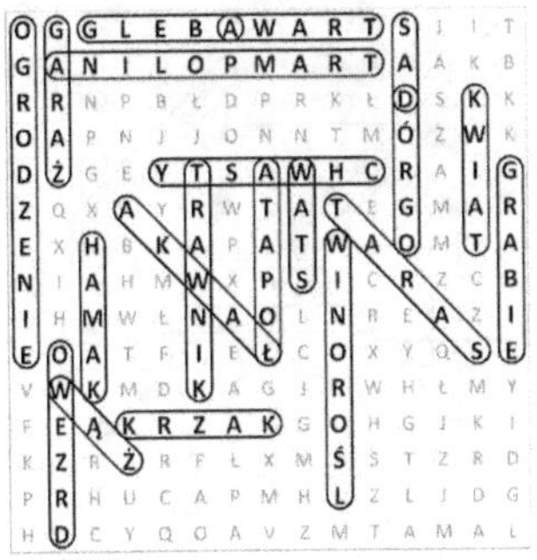

34 - Riscaldamento Gl

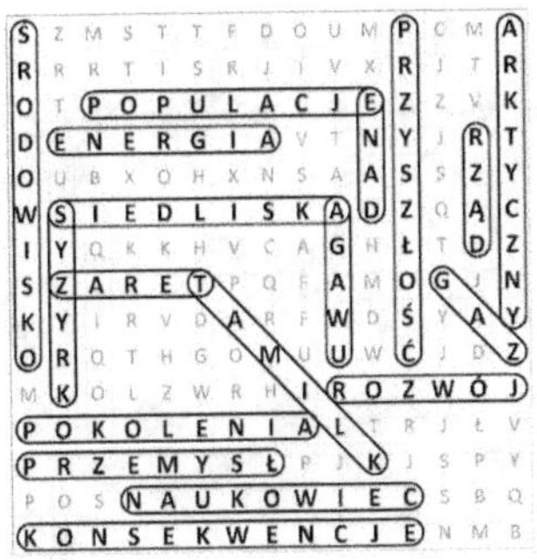

35 - Frutta

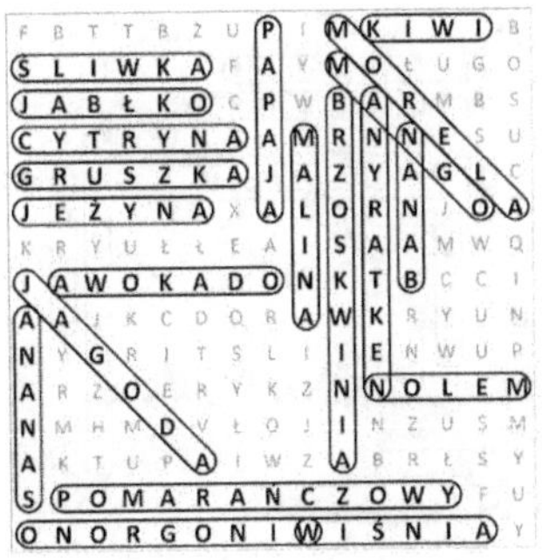

36 - Fattoria #2

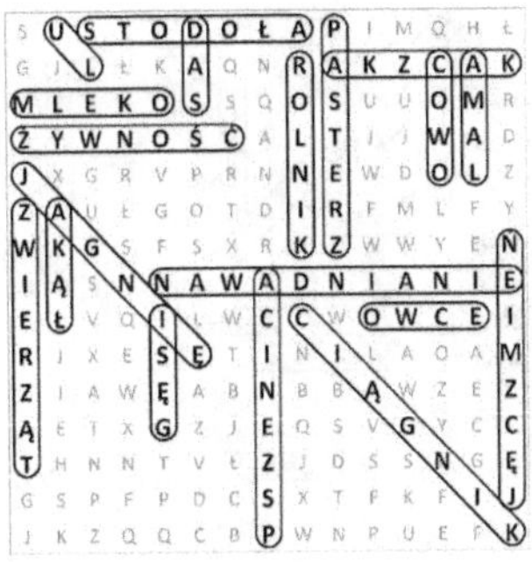

37 - Verdure

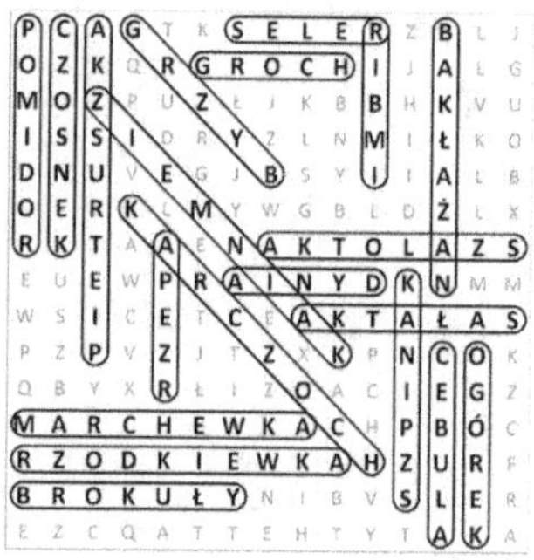

38 - Musica

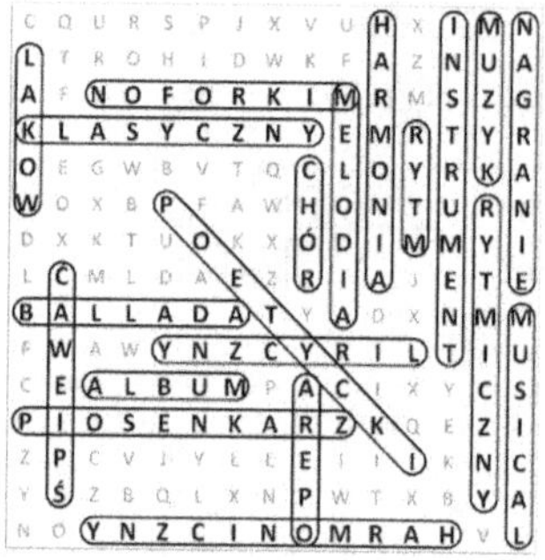

39 - Barbecue

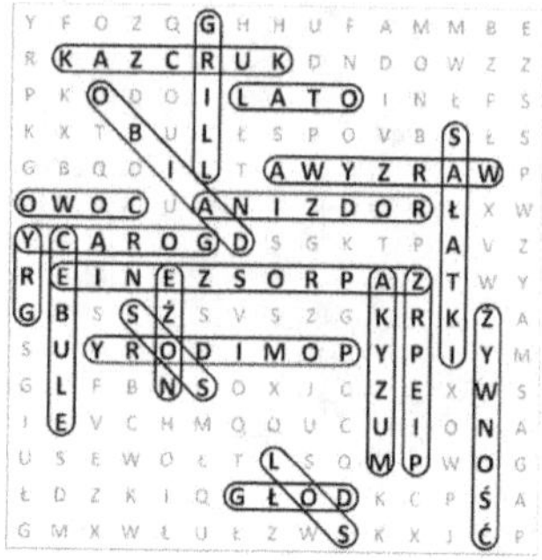

40 - Riempire

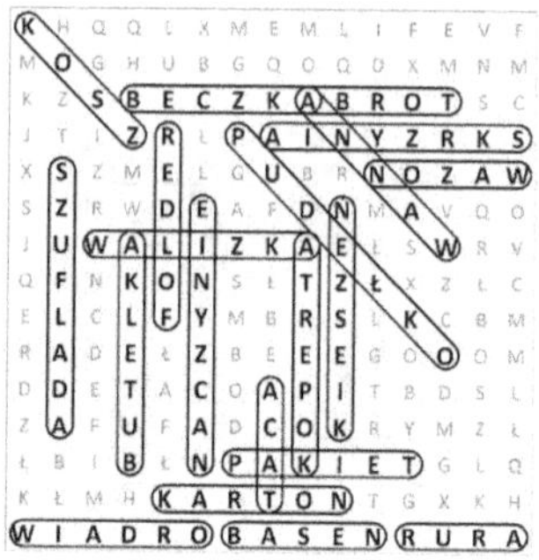

41 - Insetti

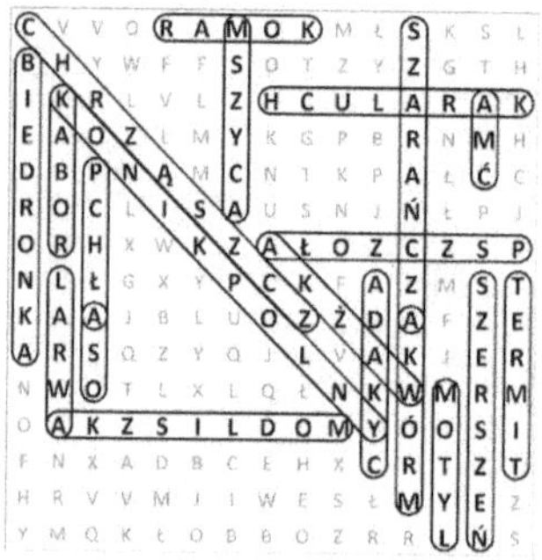

42 - Fisica

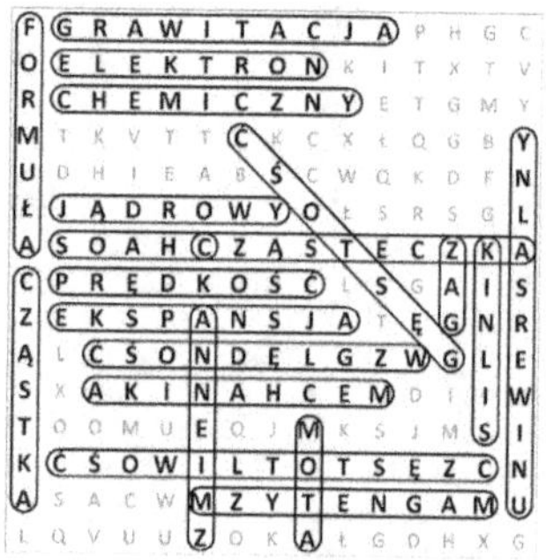

43 - Agronomia

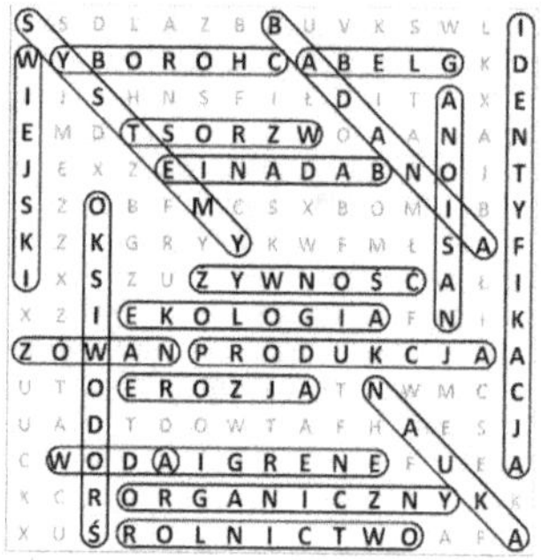

44 - Erboristeria

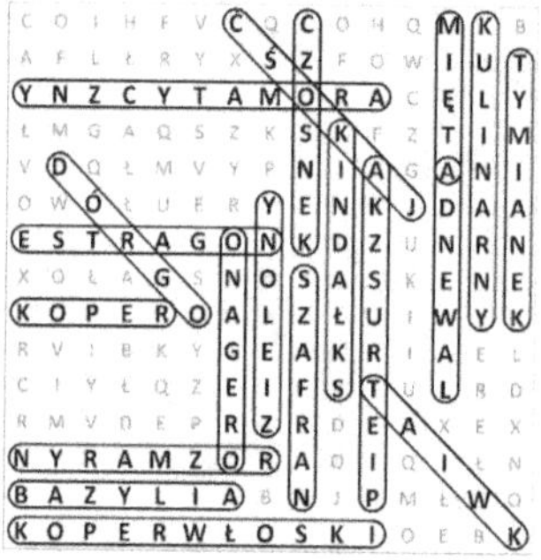

45 - Danza

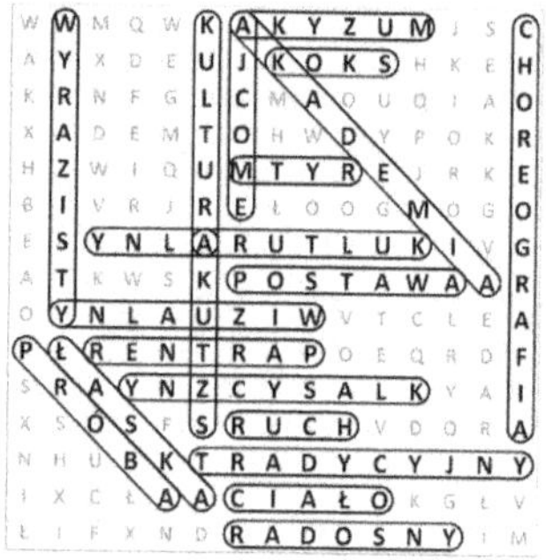

46 - Biologia

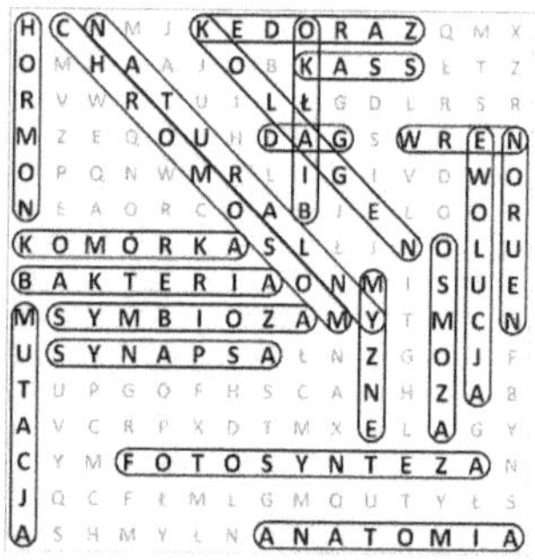

47 - Attività Commerciale

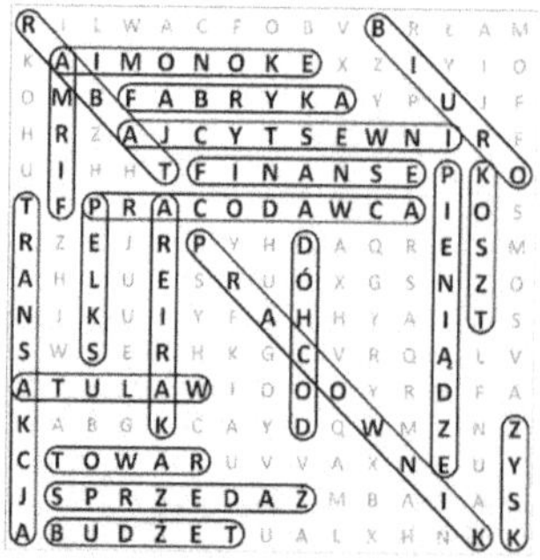

48 - Fiori

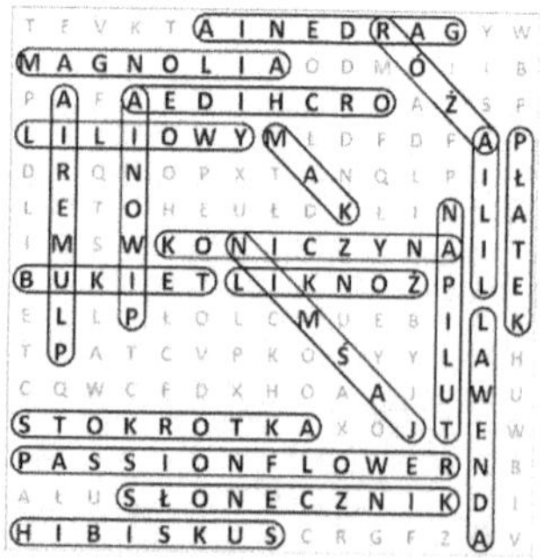

49 - Filantropia

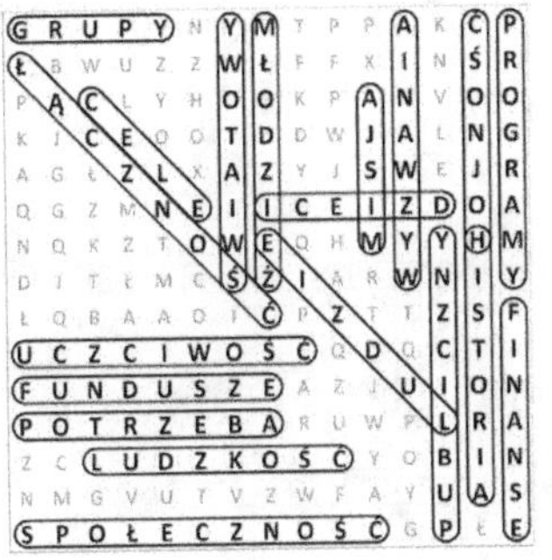

50 - Ecologia

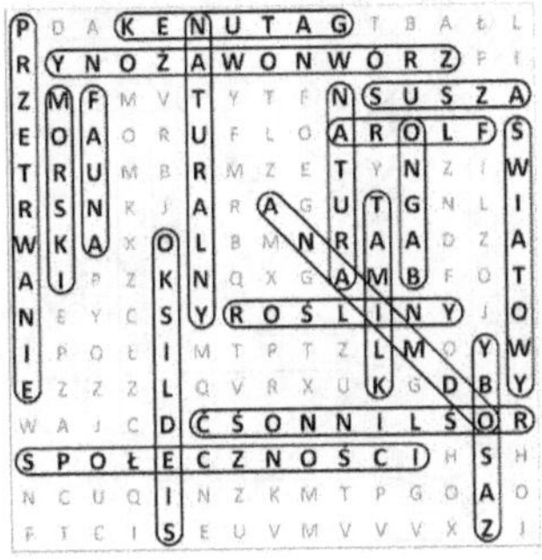

51 - Discipline Scientifiche

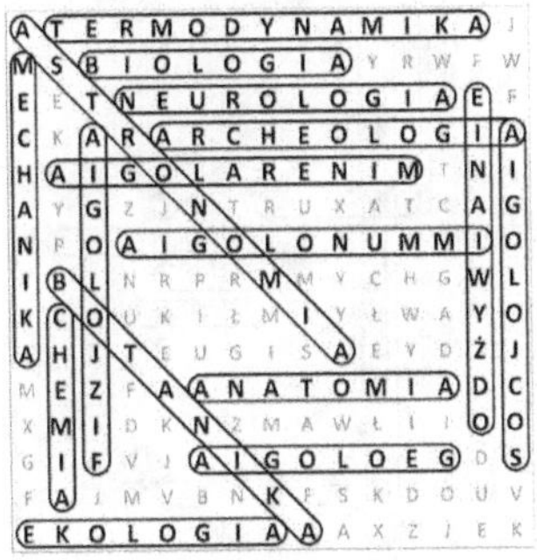

52 - Scienza

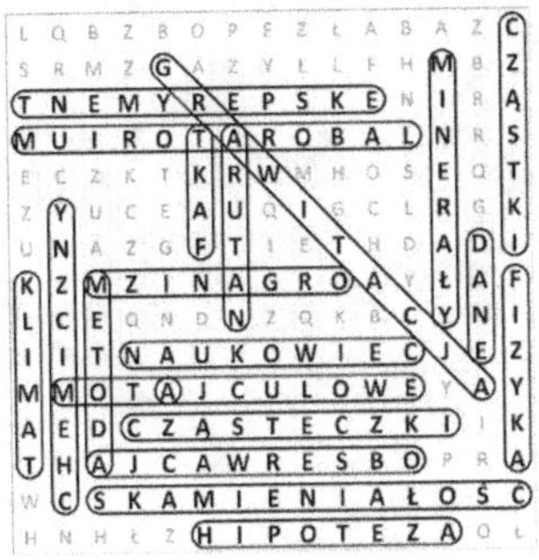

53 - Acqua

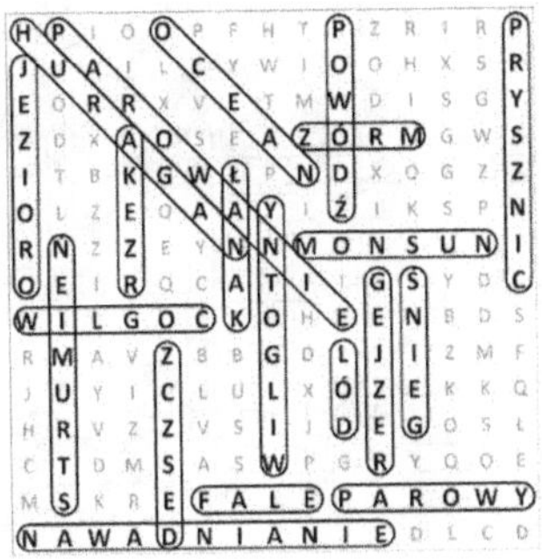

54 - Imbarcazioni

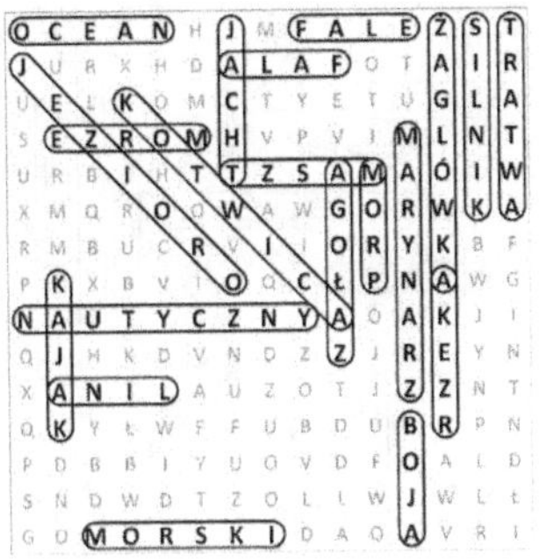

55 - Chimica

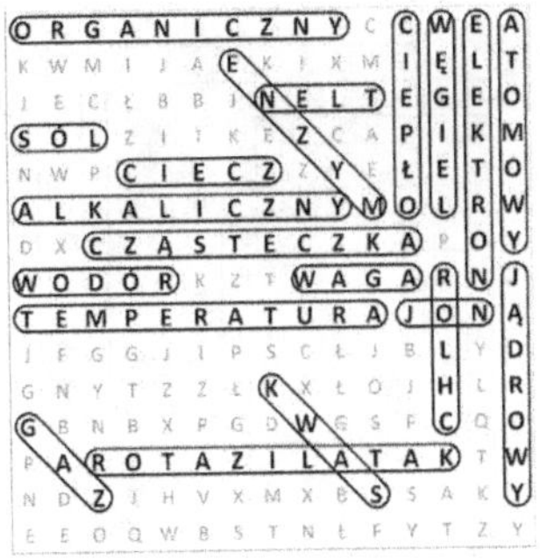

56 - Api

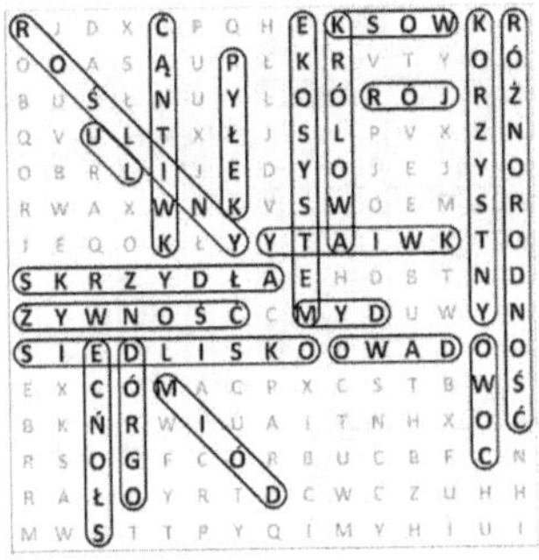

57 - Strumenti Musicali

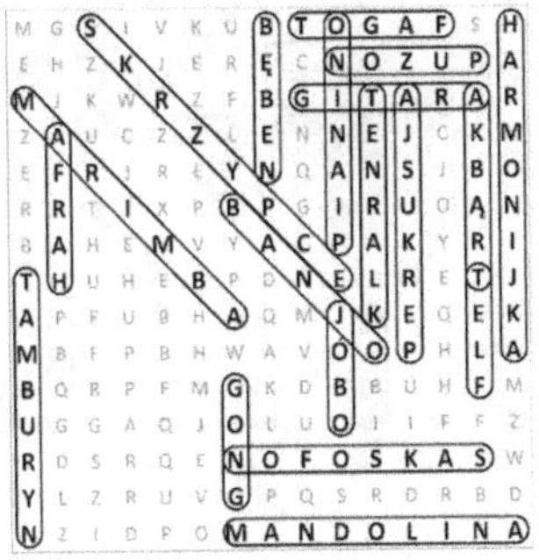

58 - Professioni #2

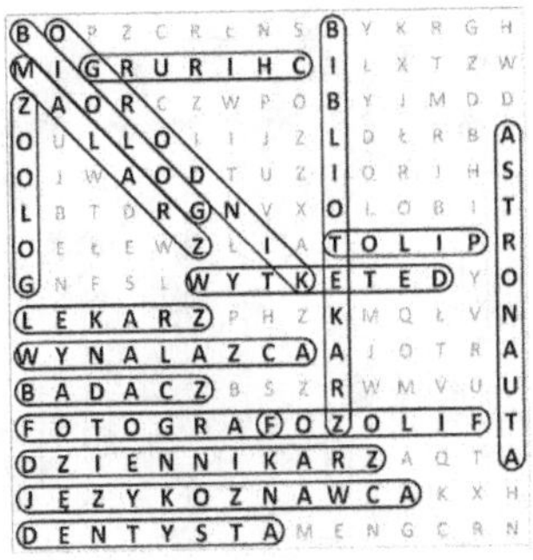

59 - Letteratura

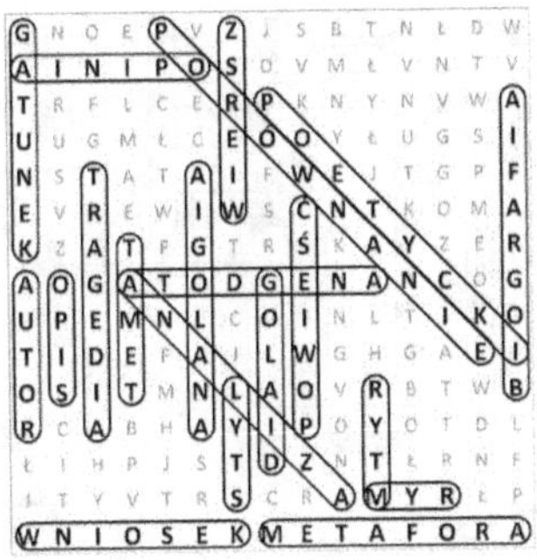

60 - Cibo #2

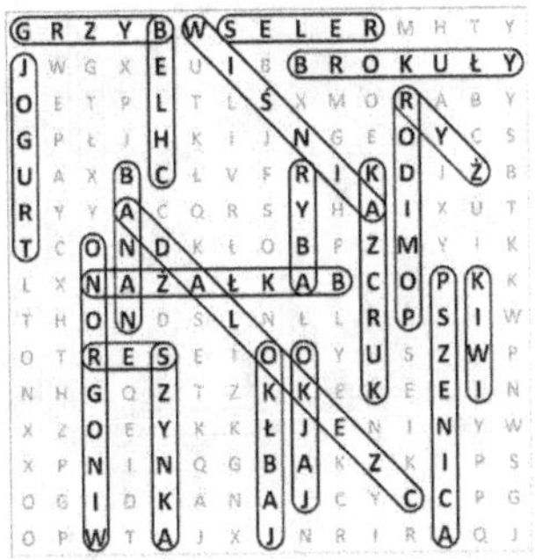

61 - Nutrizione

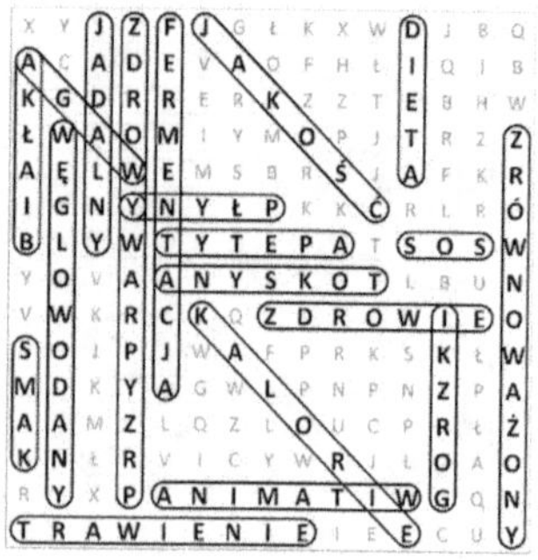

62 - Matematica

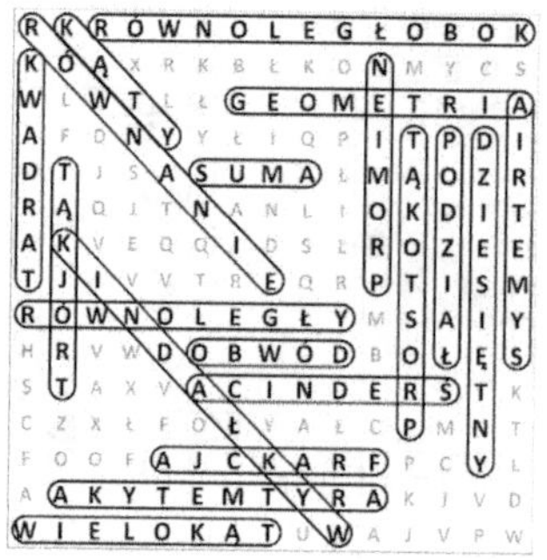

63 - Meditazione

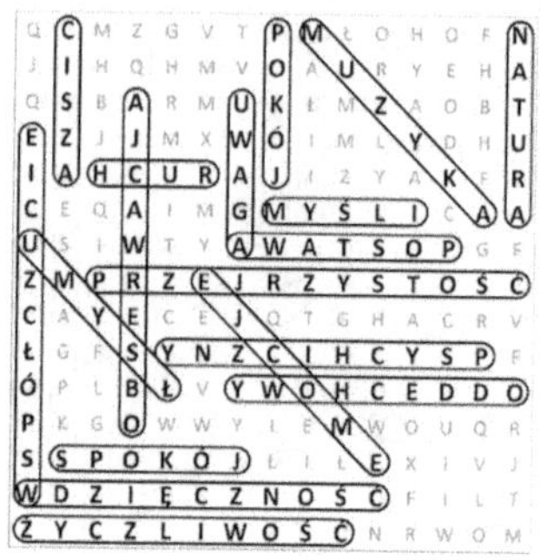

64 - Elettricità

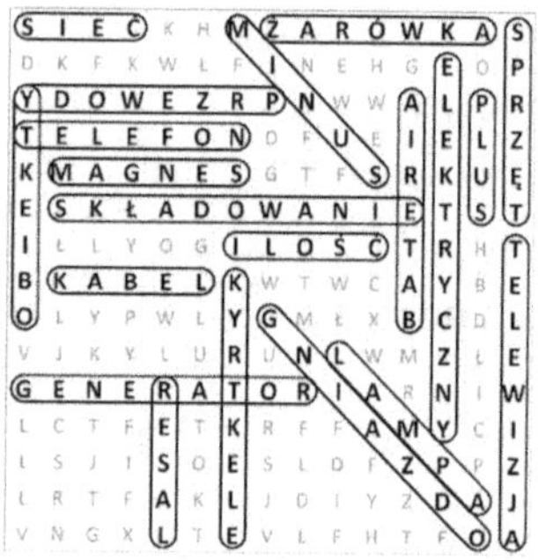

65 - Antiquariato

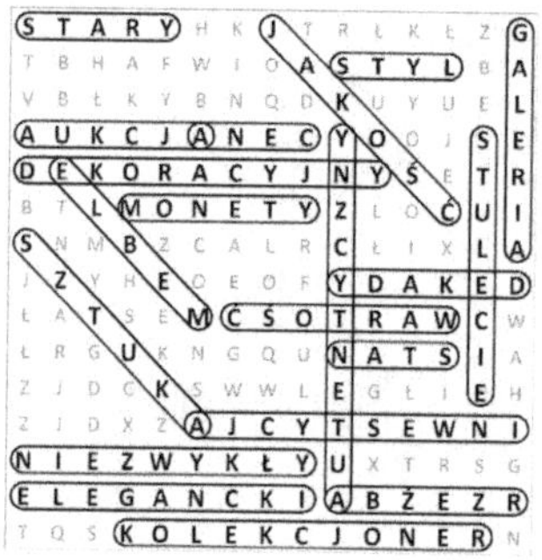

66 - Escursionismo

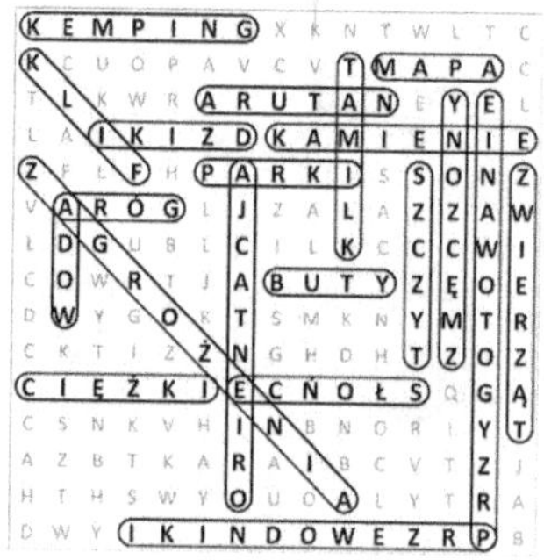

67 - Professioni #1

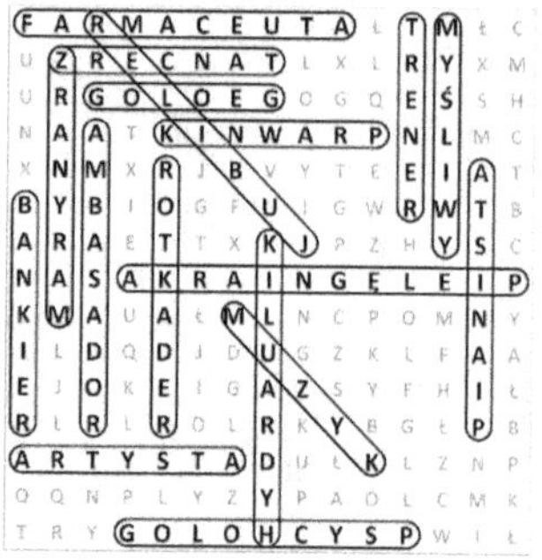

68 - Antartide

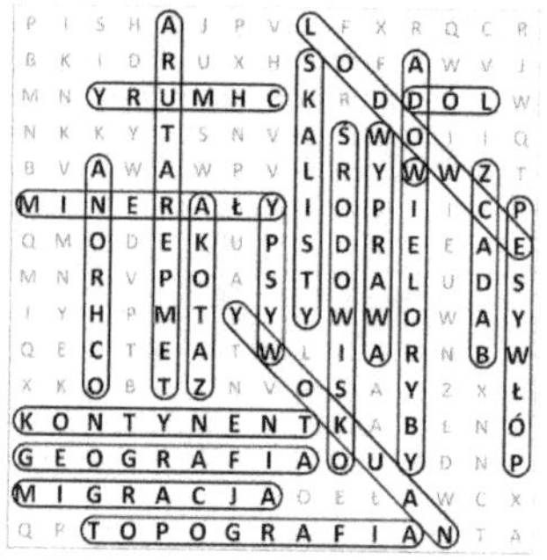

69 - Libri

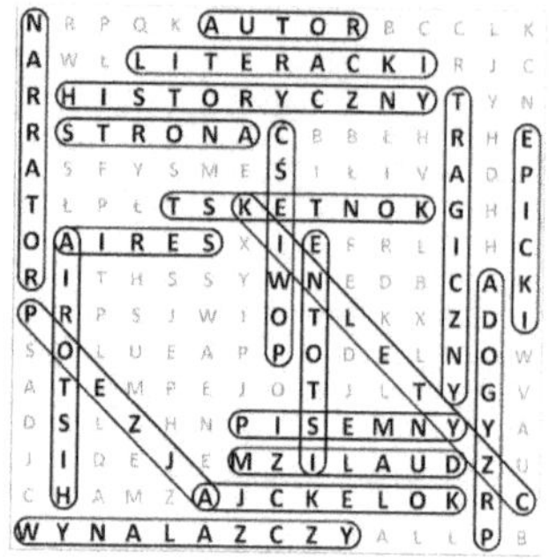

70 - Geografia

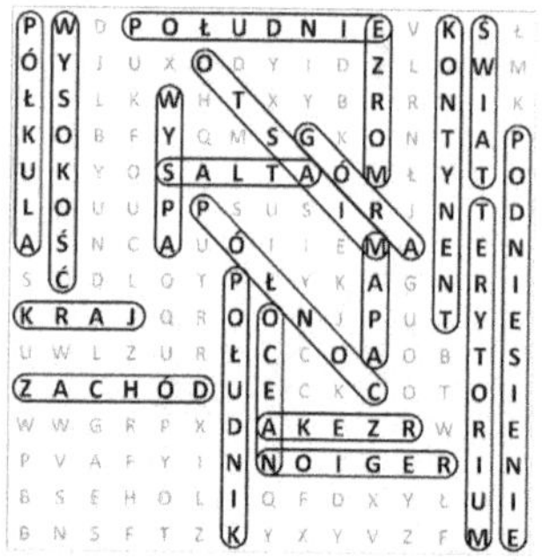

71 - Cibo #1

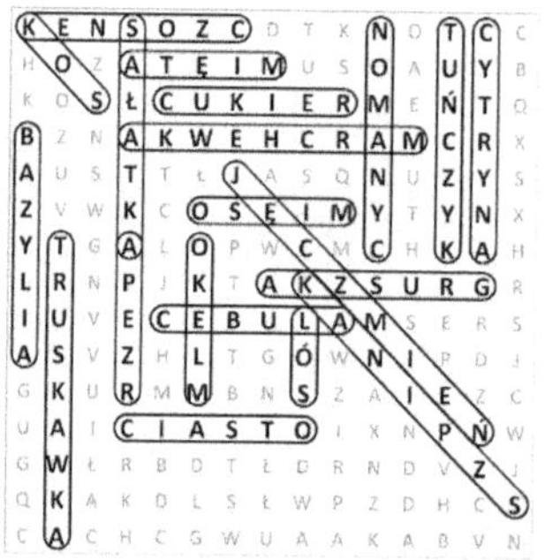

72 - Aeroplani

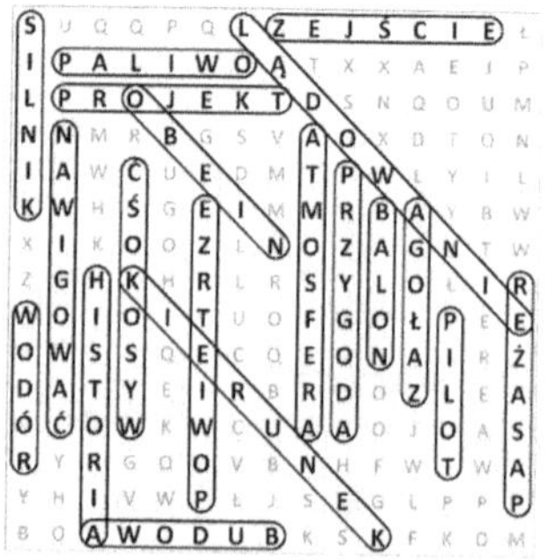

73 - Governo

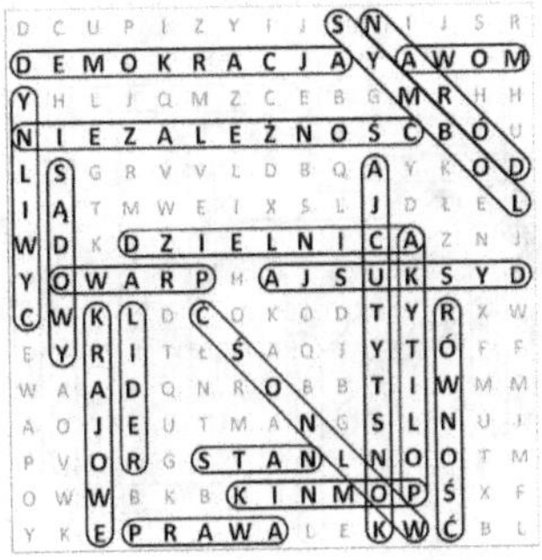

74 - Bellezza

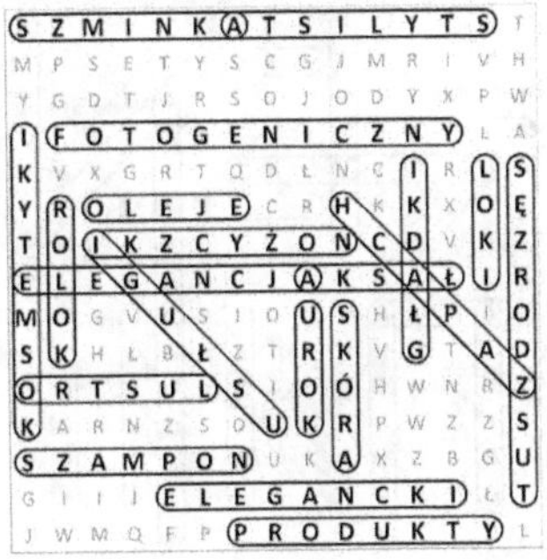

75 - Forme

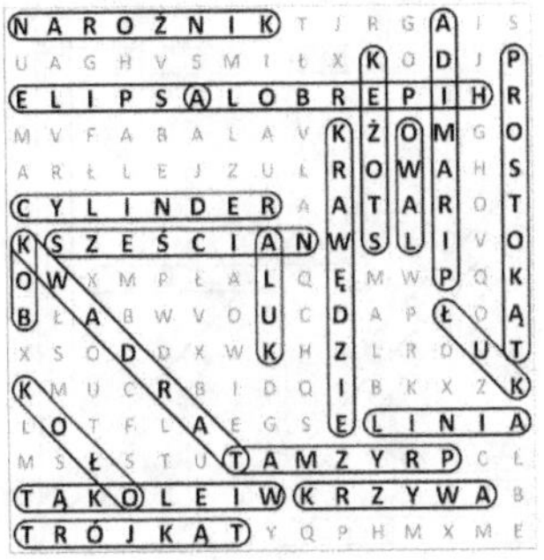

76 - Oceano

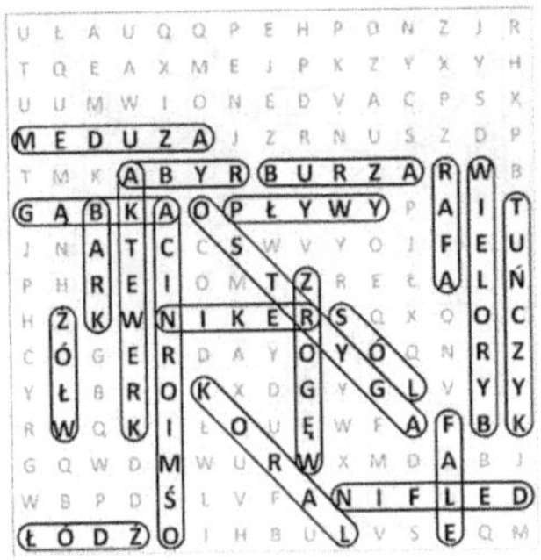

77 - Famiglia

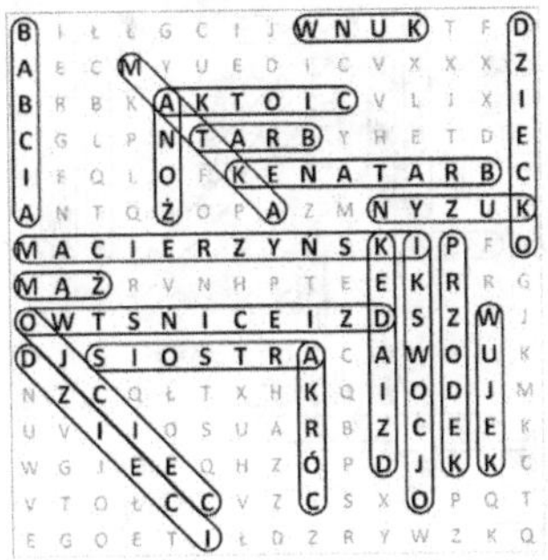

78 - Creatività

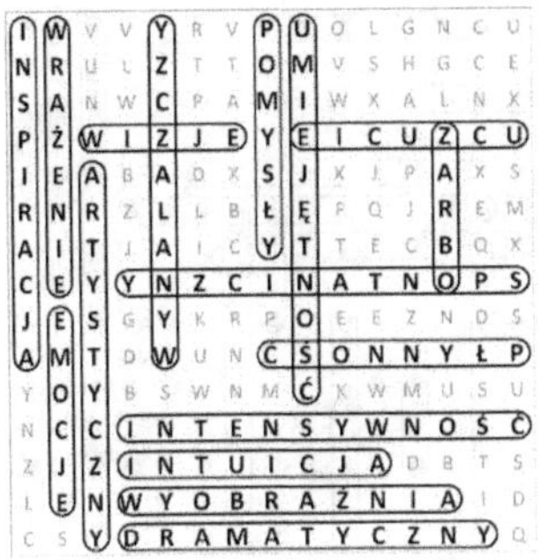

79 - Veicoli

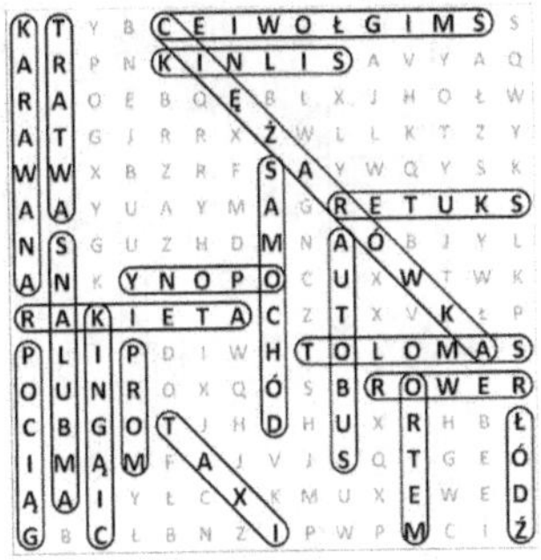

80 - Natura

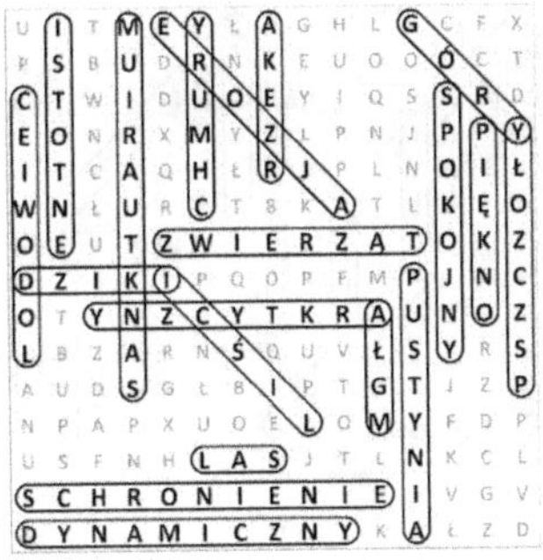

81 - Balletto

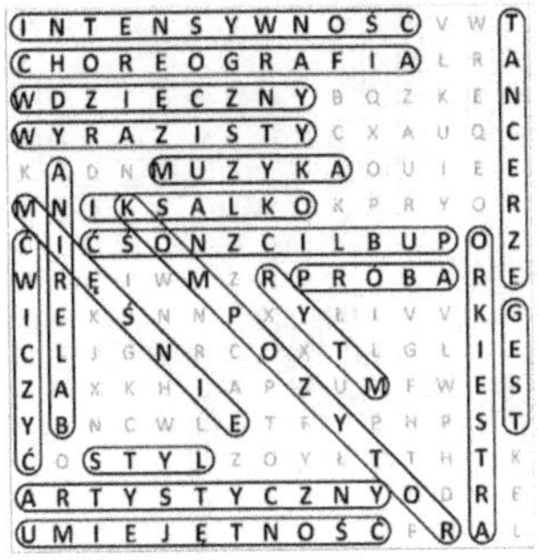

82 - Paesi #1

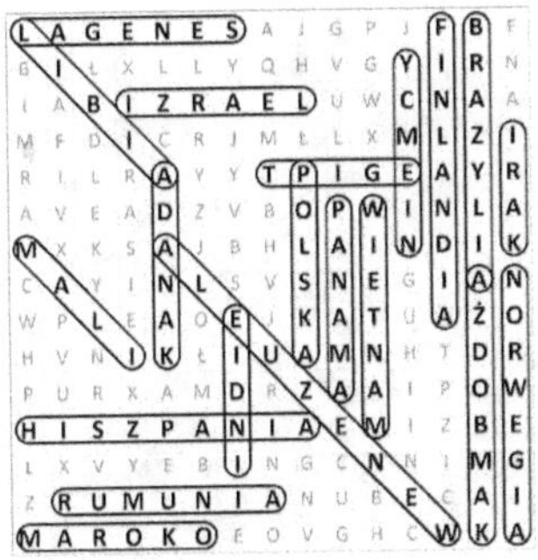

83 - Geometria

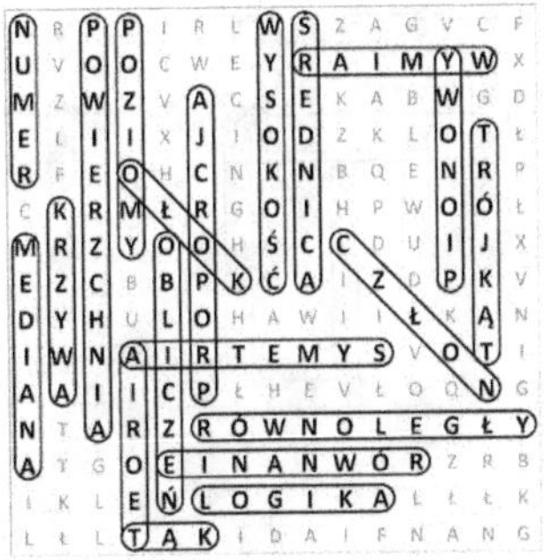

84 - Edifici

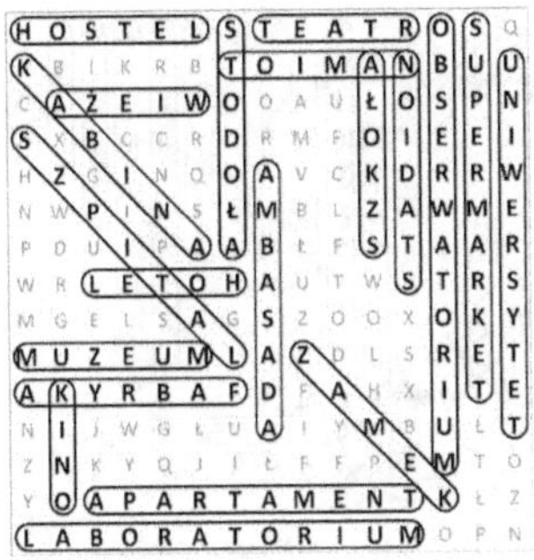

85 - Malattia

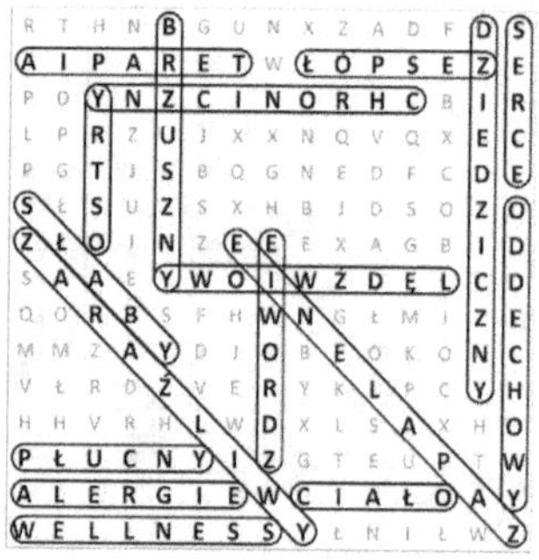

86 - Paesi #2

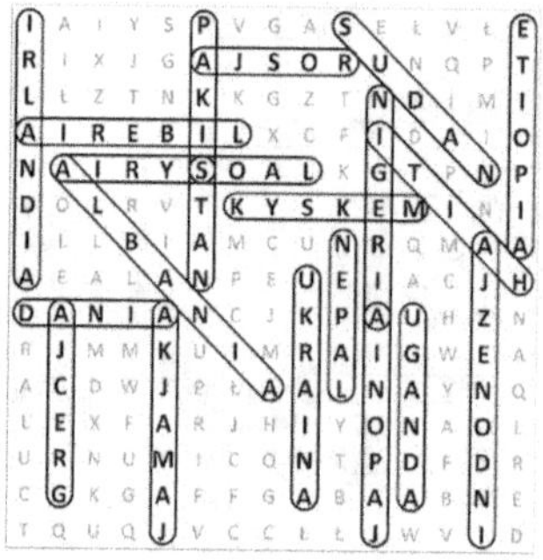

87 - Tipi di Capelli

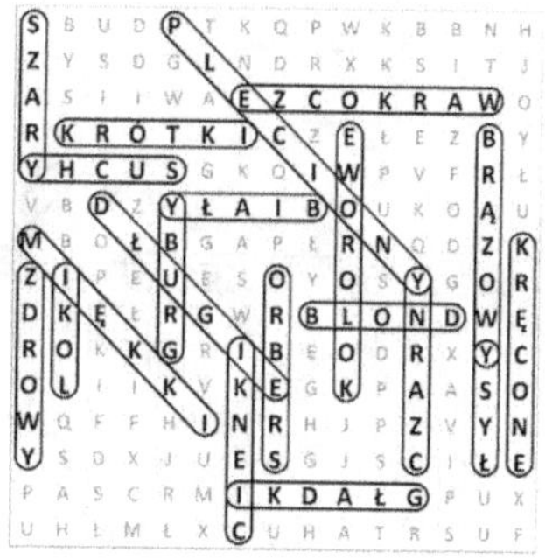

88 - Vestiti

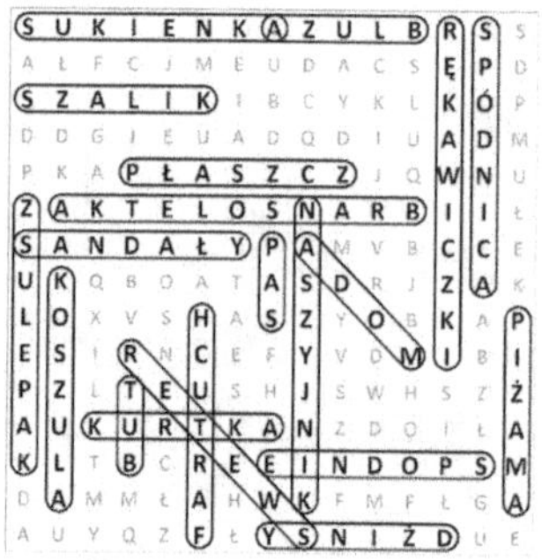

89 - Attività e Tempo Libero

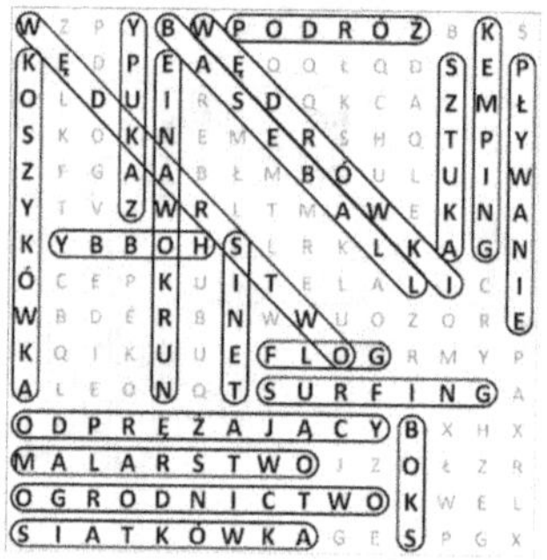

90 - Corpo Umano

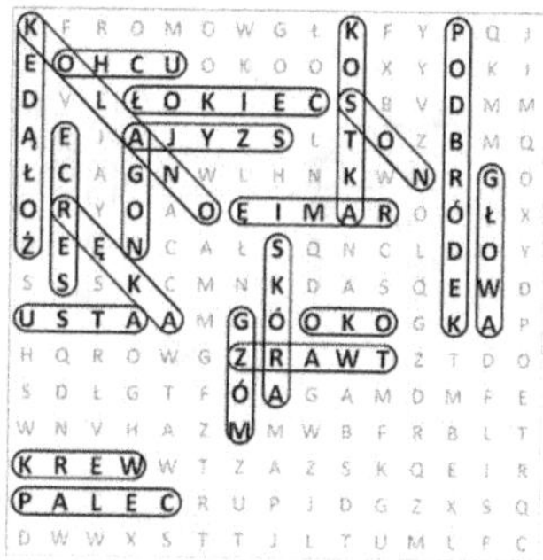

91 - Mammiferi

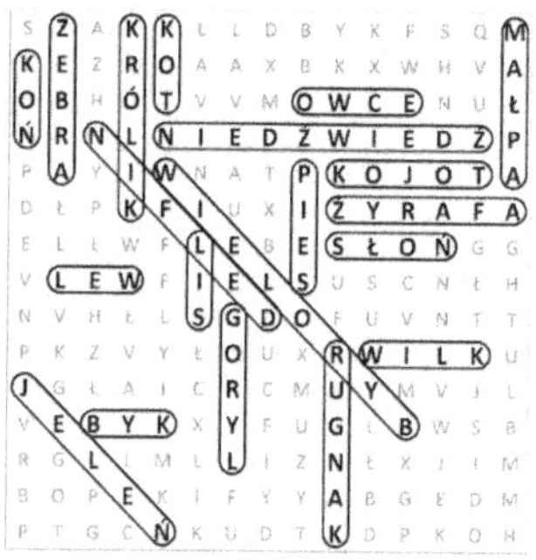

92 - Cucina

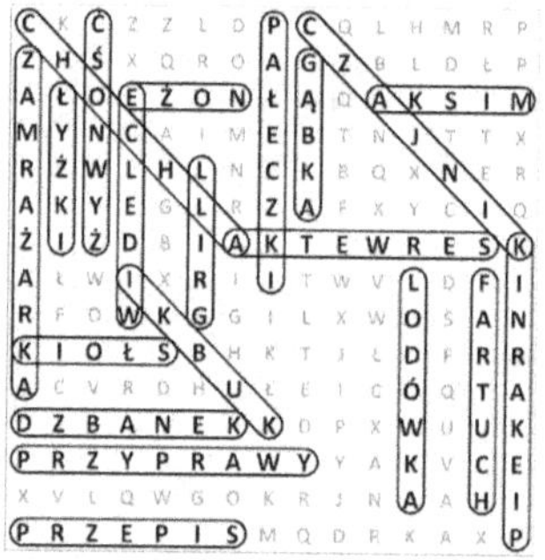

93 - Giardinaggio

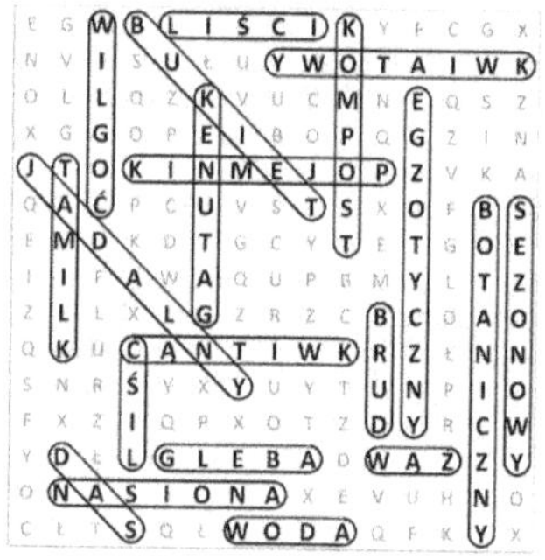

94 - Universo

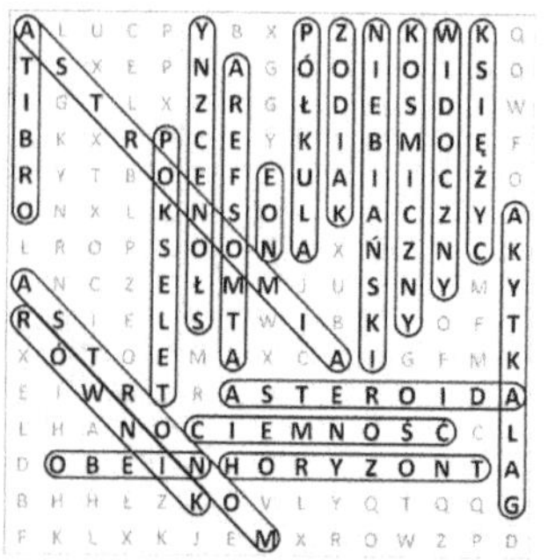

95 - Jazz

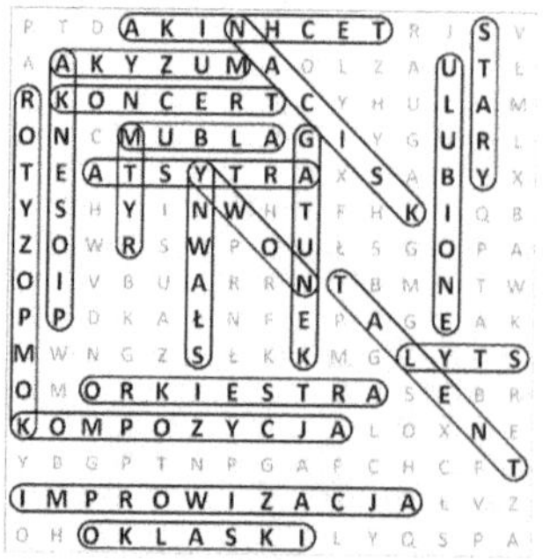

96 - Vacanze #2

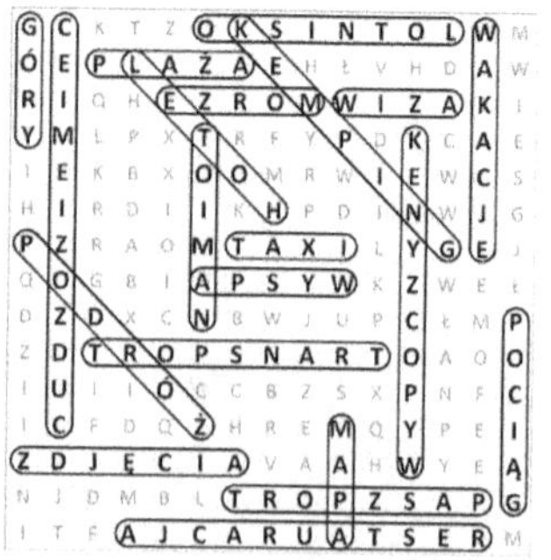

97 - Attività

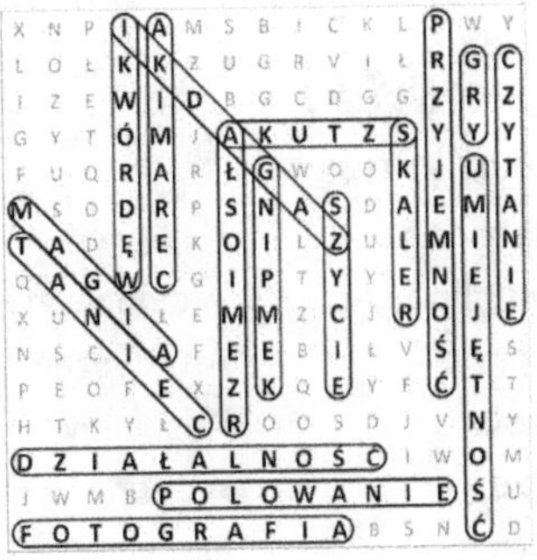

98 - Diplomazia

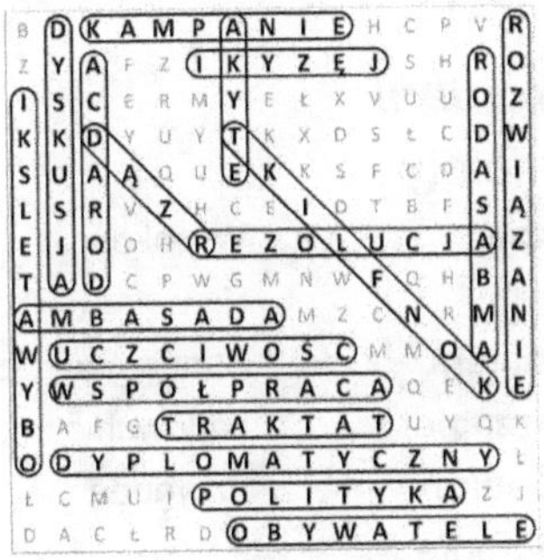

99 - Forniture Artistiche

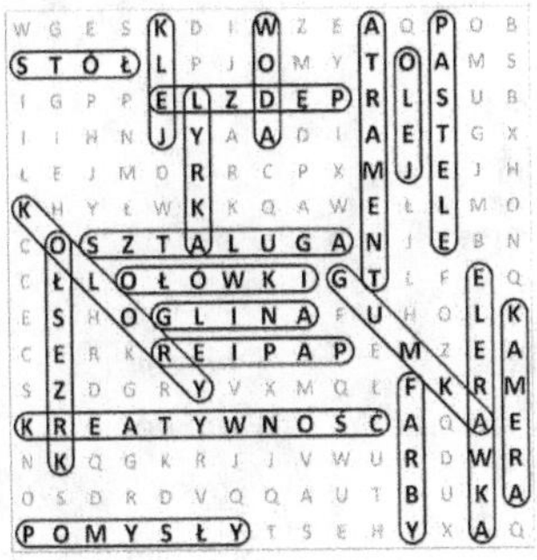

100 - Misurazioni

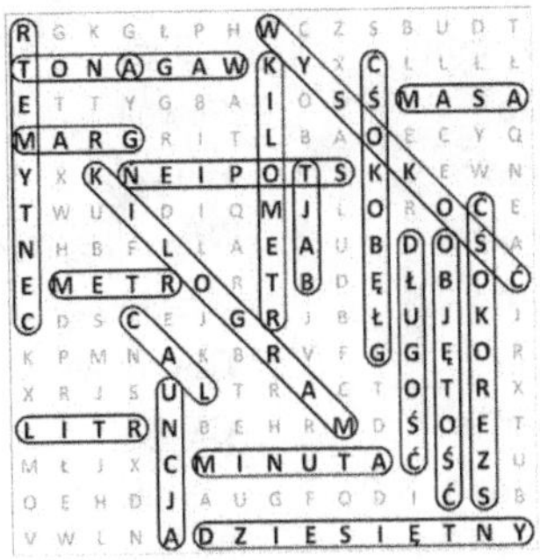

Dizionario

Acqua
Woda

Alluvione	Powódź
Canale	Kanał
Doccia	Prysznic
Evaporazione	Parowanie
Fiume	Rzeka
Flusso	Strumień
Gelo	Mróz
Geyser	Gejzer
Ghiaccio	Lód
Irrigazione	Nawadnianie
Lago	Jezioro
Monsone	Monsun
Neve	Śnieg
Oceano	Ocean
Onde	Fale
Pioggia	Deszcz
Umidità	Wilgoć
Umido	Wilgotny
Uragano	Huragan
Vapore	Parowy

Aeroplani
Samoloty

Altezza	Wysokość
Aria	Powietrze
Atmosfera	Atmosfera
Atterraggio	Lądowanie
Avventura	Przygoda
Carburante	Paliwo
Cielo	Niebo
Costruzione	Budowa
Design	Projekt
Direzione	Kierunek
Discesa	Zejście
Equipaggio	Załoga
Idrogeno	Wodór
Motore	Silnik
Navigare	Nawigować
Palloncino	Balon
Passeggero	Pasażer
Pilota	Pilot
Storia	Historia
Turbolenza	Turbulencja

Aggettivi #1
Przymiotniki # 1

Ambizioso	Ambitny
Aromatico	Aromatyczny
Artistico	Artystyczny
Assoluto	Absolutny
Attivo	Aktywny
Enorme	Ogromny
Esotico	Egzotyczny
Generoso	Hojny
Giovane	Młody
Grande	Duży
Identico	Identyczny
Importante	Ważny
Lento	Powoli
Lungo	Długie
Moderno	Nowoczesny
Onesto	Uczciwy
Perfetto	Doskonały
Pesante	Ciężki
Prezioso	Cenny
Sottile	Cienki

Aggettivi #2
Przymiotniki # 2

Affamato	Głodny
Asciutto	Suchy
Autentico	Autentyczny
Caldo	Gorący
Creativo	Twórczy
Descrittivo	Opisowy
Dolce	Słodkie
Drammatico	Dramatyczny
Elegante	Elegancki
Famoso	Sławny
Forte	Silny
Interessante	Interesujący
Naturale	Naturalny
Normale	Normalna
Nuovo	Nowy
Orgoglioso	Dumny
Produttivo	Produktywny
Puro	Czysty
Salato	Słony
Sano	Zdrowy

Agronomia
Agronomia

Acqua	Woda
Agricoltura	Rolnictwo
Ambiente	Środowisko
Cibo	Żywność
Crescita	Wzrost
Ecologia	Ekologia
Energia	Energia
Erosione	Erozja
Fertilizzante	Nawóz
Identificazione	Identyfikacja
Malattie	Choroby
Organico	Organiczny
Produzione	Produkcja
Ricerca	Badania
Rurale	Wiejski
Scienza	Nauka
Semi	Nasiona
Sistemi	Systemy
Studio	Badanie
Suolo	Gleba

Algebra
Algebra

Diagramma	Diagram
Divisione	Podział
Equazione	Równanie
Esponente	Wykładnik
Falso	Fałszywe
Fattore	Czynnik
Formula	Formuła
Frazione	Frakcja
Grafico	Wykres
Infinito	Nieskończony
Lineare	Liniowy
Matrice	Matryca
Numero	Numer
Parentesi	Nawias
Problema	Problem
Semplificare	Uprościć
Soluzione	Rozwiązanie
Sottrazione	Odejmowanie
Variabile	Zmienna
Zero	Zero

Antartide
Antarktyda

Acqua	Woda
Ambiente	Środowisko
Baia	Zatoka
Balene	Wieloryby
Conservazione	Ochrona
Continente	Kontynent
Geografia	Geografia
Ghiacciai	Lodowce
Ghiaccio	Lód
Isole	Wyspy
Migrazione	Migracja
Minerali	Minerały
Nuvole	Chmury
Penisola	Półwysep
Ricercatore	Badacz
Roccioso	Skalisty
Scientifico	Naukowy
Spedizione	Wyprawa
Temperatura	Temperatura
Topografia	Topografia

Antiquariato
Antyki

Arte	Sztuka
Asta	Aukcja
Autentico	Autentyczny
Collezionista	Kolekcjoner
Condizione	Stan
Decenni	Dekady
Decorativo	Dekoracyjny
Elegante	Elegancki
Galleria	Galeria
Insolito	Niezwykły
Investimento	Inwestycja
Mobilio	Meble
Monete	Monety
Prezzo	Cena
Qualità	Jakość
Scultura	Rzeźba
Secolo	Stulecie
Stile	Styl
Valore	Wartość
Vecchio	Stary

Api
Pszczoły

Ali	Skrzydła
Alveare	Ul
Benefico	Korzystny
Cera	Wosk
Cibo	Żywność
Diversità	Różnorodność
Ecosistema	Ekosystem
Fiori	Kwiaty
Fiorire	Kwitnąć
Frutta	Owoc
Fumo	Dym
Giardino	Ogród
Habitat	Siedlisko
Insetto	Owad
Miele	Miód
Piante	Rośliny
Polline	Pyłek
Regina	Królowa
Sciame	Rój
Sole	Słońce

Archeologia
Archeologia

Analisi	Analiza
Antichità	Antyk
Antico	Starożytny
Civiltà	Cywilizacja
Dimenticato	Zapomniany
Discendente	Potomek
Era	Era
Esperto	Ekspert
Fossile	Skamieniałość
Mistero	Zagadka
Oggetti	Obiekty
Ossa	Kości
Professore	Profesor
Reliquia	Relikt
Ricercatore	Badacz
Sconosciuto	Nieznany
Squadra	Zespół
Tempio	Świątynia
Tomba	Grobowiec
Valutazione	Ocena

Astronomia
Astronomia

Asteroide	Asteroida
Astronauta	Astronauta
Astronomo	Astronom
Cielo	Niebo
Cosmo	Kosmos
Costellazione	Konstelacja
Equinozio	Równonoc
Galassia	Galaktyka
Gravità	Grawitacja
Luna	Księżyc
Meteora	Meteor
Nebulosa	Mgławica
Osservatorio	Obserwatorium
Pianeta	Planeta
Razzo	Rakieta
Supernova	Supernowa
Telescopio	Teleskop
Terra	Ziemia
Universo	Wszechświat
Zodiaco	Zodiak

Attività
Działalność

Abilità	Umiejętność
Arte	Sztuka
Artigianato	Rzemiosła
Attività	Działalność
Caccia	Polowanie
Campeggio	Kemping
Ceramica	Ceramika
Cucire	Szycie
Danza	Taniec
Escursioni	Wędrówki
Fotografia	Fotografia
Giardinaggio	Ogrodnictwo
Giochi	Gry
Lettura	Czytanie
Magia	Magia
Pesca	Wędkarstwo
Piacere	Przyjemność
Puzzle	Zagadki
Rilassamento	Relaks
Tempo Libero	Wypoczynek

Attività Commerciale
Biznes

Bilancio	Budżet
Carriera	Kariera
Costo	Koszt
Datore di Lavoro	Pracodawca
Dipendente	Pracownik
Economia	Ekonomia
Fabbrica	Fabryka
Finanza	Finanse
Investimento	Inwestycja
Merce	Towar
Negozio	Sklep
Profitto	Zysk
Reddito	Dochód
Sconto	Rabat
Società	Firma
Soldi	Pieniądze
Transazione	Transakcja
Ufficio	Biuro
Valuta	Waluta
Vendita	Sprzedaż

Attività e Tempo Libero
Aktywność i Wypoczynek

Arte	Sztuka
Baseball	Baseball
Basket	Koszykówka
Boxe	Boks
Calcio	Piłka Nożna
Campeggio	Kemping
Escursioni	Wędrówki
Giardinaggio	Ogrodnictwo
Golf	Golf
Hobby	Hobby
Immersione	Nurkowanie
Nuoto	Pływanie
Pallavolo	Siatkówka
Pesca	Wędkarstwo
Pittura	Malarstwo
Rilassante	Odprężający
Shopping	Zakupy
Surf	Surfing
Tennis	Tenis
Viaggio	Podróż

Balletto
Balet

Abilità	Umiejętność
Applauso	Oklaski
Artistico	Artystyczny
Ballerina	Balerina
Ballerini	Tancerze
Compositore	Kompozytor
Coreografia	Choreografia
Espressivo	Wyrazisty
Gesto	Gest
Grazioso	Wdzięczny
Intensità	Intensywność
Muscoli	Mięśnie
Musica	Muzyka
Orchestra	Orkiestra
Pratica	Ćwiczyć
Prova	Próba
Pubblico	Publiczność
Ritmo	Rytm
Stile	Styl
Tecnica	Technika

Barbecue
Grillowanie

Caldo	Gorący
Cena	Obiad
Cibo	Żywność
Cipolle	Cebule
Coltelli	Noże
Estate	Lato
Fame	Głód
Famiglia	Rodzina
Frutta	Owoc
Giochi	Gry
Griglia	Grill
Insalate	Sałatki
Invito	Zaproszenie
Musica	Muzyka
Pepe	Pieprz
Pollo	Kurczak
Pomodori	Pomidory
Sale	Sól
Salsa	Sos
Verdure	Warzywa

Bellezza
Piękno

Colore	Kolor
Cosmetici	Kosmetyki
Elegante	Elegancki
Eleganza	Elegancja
Fascino	Urok
Forbici	Nożyczki
Fotogenico	Fotogeniczny
Fragranza	Zapach
Grazia	Łaska
Liscio	Gładki
Mascara	Tusz do Rzęs
Oli	Oleje
Pelle	Skóra
Prodotti	Produkty
Riccioli	Loki
Rossetto	Szminka
Servizi	Usługi
Shampoo	Szampon
Specchio	Lustro
Stilista	Stylista

Biologia
Biologia

Anatomia	Anatomia
Batteri	Bakteria
Cellula	Komórka
Collagene	Kolagen
Cromosoma	Chromosom
Embrione	Zarodek
Enzima	Enzym
Evoluzione	Ewolucja
Fotosintesi	Fotosynteza
Mammifero	Ssak
Mutazione	Mutacja
Naturale	Naturalny
Nervo	Nerw
Neurone	Neuron
Ormone	Hormon
Osmosi	Osmoza
Proteina	Białko
Rettile	Gad
Simbiosi	Symbioza
Sinapsi	Synapsa

Caffè
Kawa

Acido	Kwaśny
Acqua	Woda
Amaro	Gorzki
Aroma	Aromat
Arrostito	Pieczony
Bevanda	Napój
Caffeina	Kofeina
Crema	Krem
Filtro	Filtr
Gusto	Smak
Latte	Mleko
Liquido	Ciecz
Macinare	Mielić
Mattina	Rano
Nero	Czarny
Origine	Pochodzenie
Prezzo	Cena
Tazza	Filiżanka
Varietà	Odmiana
Zucchero	Cukier

Campeggio
Kemping

Alberi	Drzewa
Amaca	Hamak
Animali	Zwierząt
Avventura	Przygoda
Bussola	Kompas
Cabina	Kabina
Caccia	Polowanie
Canoa	Kajak
Cappello	Kapelusz
Corda	Lina
Divertimento	Zabawa
Foresta	Las
Fuoco	Ogień
Insetto	Owad
Lago	Jezioro
Luna	Księżyc
Mappa	Mapa
Montagna	Góra
Natura	Natura
Tenda	Namiot

Casa
Dom

Attico	Strych
Biblioteca	Biblioteka
Camera	Pokój
Camino	Kominek
Cucina	Kuchnia
Doccia	Prysznic
Finestra	Okno
Garage	Garaż
Giardino	Ogród
Lampada	Lampa
Parete	Ściana
Pavimento	Piętro
Porta	Drzwi
Recinto	Ogrodzenie
Rubinetto	Kran
Scopa	Miotła
Soffitto	Sufit
Specchio	Lustro
Tappeto	Dywan
Tetto	Dach

Chimica
Chemia

Acido	Kwas
Alcalino	Alkaliczny
Atomico	Atomowy
Calore	Ciepło
Carbonio	Węgiel
Catalizzatore	Katalizator
Cloro	Chlor
Elettrone	Elektron
Enzima	Enzym
Gas	Gaz
Idrogeno	Wodór
Ione	Jon
Liquido	Ciecz
Molecola	Cząsteczka
Nucleare	Jądrowy
Organico	Organiczny
Ossigeno	Tlen
Peso	Waga
Sale	Sól
Temperatura	Temperatura

Cibo #1
Jedzenie # 1

Aglio	Czosnek
Basilico	Bazylia
Cannella	Cynamon
Carne	Mięso
Carota	Marchewka
Cipolla	Cebula
Fragola	Truskawka
Insalata	Sałatka
Latte	Mleko
Limone	Cytryna
Menta	Mięta
Orzo	Jęczmień
Pera	Gruszka
Rapa	Rzepa
Sale	Sól
Spinaci	Szpinak
Succo	Sok
Tonno	Tuńczyk
Torta	Ciasto
Zucchero	Cukier

Cibo #2
Jedzenie # 2

Banana	Banan
Broccolo	Brokuły
Ciliegia	Wiśnia
Cioccolato	Czekolada
Formaggio	Ser
Fungo	Grzyb
Grano	Pszenica
Kiwi	Kiwi
Mela	Jabłko
Melanzana	Bakłażan
Pane	Chleb
Pesce	Ryba
Pollo	Kurczak
Pomodoro	Pomidor
Prosciutto	Szynka
Riso	Ryż
Sedano	Seler
Uovo	Jajko
Uva	Winogrono
Yogurt	Jogurt

Città
Miasto

Aeroporto	Lotnisko
Banca	Bank
Biblioteca	Biblioteka
Cinema	Kino
Clinica	Klinika
Farmacia	Apteka
Fiorista	Kwiaciarz
Galleria	Galeria
Hotel	Hotel
Libreria	Księgarnia
Mercato	Rynek
Museo	Muzeum
Negozio	Sklep
Panetteria	Piekarnia
Scuola	Szkoła
Stadio	Stadion
Supermercato	Supermarket
Teatro	Teatr
Università	Uniwersytet
Zoo	Zoo

Corpo Umano
Ciało Ludzkie

Bocca	Usta
Caviglia	Kostka
Cervello	Mózg
Collo	Szyja
Cuore	Serce
Dito	Palec
Faccia	Twarz
Gamba	Noga
Ginocchio	Kolano
Gomito	Łokieć
Mano	Ręka
Mento	Podbródek
Naso	Nos
Occhio	Oko
Orecchio	Ucho
Pelle	Skóra
Sangue	Krew
Spalla	Ramię
Stomaco	Żołądek
Testa	Głowa

Creatività
Kreatywność

Abilità	Umiejętność
Artistico	Artystyczny
Autenticità	Autentyczność
Chiarezza	Przejrzystość
Drammatico	Dramatyczny
Emozioni	Emocje
Espressione	Wyrażenie
Fluidità	Płynność
Idee	Pomysły
Immaginazione	Wyobraźnia
Immagine	Obraz
Impressione	Wrażenie
Intensità	Intensywność
Intuizione	Intuicja
Inventivo	Wynalazczy
Ispirazione	Inspiracja
Sensazione	Uczucie
Spontaneo	Spontaniczny
Visioni	Wizje
Vitalità	Witalność

Cucina
Kuchnia

Bacchette	Pałeczki
Bollitore	Czajnik
Brocca	Dzbanek
Cibo	Żywność
Ciotola	Miska
Coltelli	Noże
Congelatore	Zamrażarka
Cucchiai	Łyżki
Forchette	Widelce
Forno	Piekarnik
Frigorifero	Lodówka
Grembiule	Fartuch
Griglia	Grill
Mestolo	Chochla
Ricetta	Przepis
Spezie	Przyprawy
Spugna	Gąbka
Tazze	Kubki
Tovagliolo	Serwetka
Vaso	Słoik

Danza
Taniec

Accademia	Akademia
Arte	Sztuka
Classico	Klasyczny
Compagno	Partner
Coreografia	Choreografia
Corpo	Ciało
Cultura	Kultura
Culturale	Kulturalny
Emozione	Emocja
Espressivo	Wyrazisty
Gioioso	Radosny
Grazia	Łaska
Movimento	Ruch
Musica	Muzyka
Postura	Postawa
Prova	Próba
Ritmo	Rytm
Salto	Skok
Tradizionale	Tradycyjny
Visivo	Wizualny

Diplomazia
Dyplomacja

Ambasciata	Ambasada
Ambasciatore	Ambasador
Campagne	Kampanie
Cittadini	Obywatele
Civico	Obywatelski
Comunità	Społeczność
Conflitto	Konflikt
Consigliere	Doradca
Cooperazione	Współpraca
Diplomatico	Dyplomatyczny
Discussione	Dyskusja
Etica	Etyka
Governo	Rząd
Integrità	Uczciwość
Lingue	Języki
Politica	Polityka
Risoluzione	Rezolucja
Soluzione	Rozwiązanie
Trattato	Traktat
Umanitario	Humanitarny

Discipline Scientifiche
Dyscypliny Naukowe

Anatomia	Anatomia
Archeologia	Archeologia
Astronomia	Astronomia
Biochimica	Biochemia
Biologia	Biologia
Botanica	Botanika
Chimica	Chemia
Ecologia	Ekologia
Fisiologia	Fizjologia
Geologia	Geologia
Immunologia	Immunologia
Meccanica	Mechanika
Meteorologia	Meteorologia
Mineralogia	Mineralogia
Neurologia	Neurologia
Nutrizione	Odżywianie
Psicologia	Psychologia
Sociologia	Socjologia
Termodinamica	Termodynamika
Zoologia	Zoologia

Ecologia
Ekologia

Clima	Klimat
Comunità	Społeczności
Diversità	Różnorodność
Fauna	Fauna
Flora	Flora
Globale	Światowy
Habitat	Siedlisko
Marino	Morski
Natura	Natura
Naturale	Naturalny
Palude	Bagno
Piante	Rośliny
Risorse	Zasoby
Siccità	Susza
Sopravvivenza	Przetrwanie
Sostenibile	Zrównoważony
Specie	Gatunek
Varietà	Odmiana
Vegetazione	Roślinność
Volontari	Wolontariusze

Edifici
Budynek

Ambasciata	Ambasada
Appartamento	Apartament
Cabina	Kabina
Castello	Zamek
Cinema	Kino
Fabbrica	Fabryka
Fienile	Stodoła
Hotel	Hotel
Laboratorio	Laboratorium
Museo	Muzeum
Ospedale	Szpital
Osservatorio	Obserwatorium
Ostello	Hostel
Scuola	Szkoła
Stadio	Stadion
Supermercato	Supermarket
Teatro	Teatr
Tenda	Namiot
Torre	Wieża
Università	Uniwersytet

Elettricità
Elektryczność

Attrezzatura	Sprzęt
Batteria	Bateria
Cavo	Kabel
Conservazione	Składowanie
Elettricista	Elektryk
Elettrico	Elektryczny
Fili	Przewody
Generatore	Generator
Lampada	Lampa
Lampadina	Żarówka
Laser	Laser
Magnete	Magnes
Negativo	Minus
Oggetti	Obiekty
Positivo	Plus
Presa	Gniazdo
Quantità	Ilość
Rete	Sieć
Telefono	Telefon
Televisione	Telewizja

Energia
Energia

Ambiente	Środowisko
Batteria	Bateria
Benzina	Benzyna
Calore	Ciepło
Carbonio	Węgiel
Carburante	Paliwo
Diesel	Diesel
Elettrico	Elektryczny
Elettrone	Elektron
Entropia	Entropia
Fotone	Foton
Idrogeno	Wodór
Industria	Przemysł
Motore	Silnik
Nucleare	Jądrowy
Rinnovabile	Odnawialne
Sole	Słońce
Turbina	Turbina
Vapore	Parowy
Vento	Wiatr

Erboristeria
Zielarstwo

Aglio	Czosnek
Aneto	Koper
Aromatico	Aromatyczny
Basilico	Bazylia
Culinario	Kulinarny
Dragoncello	Estragon
Finocchio	Koper Włoski
Fiore	Kwiat
Giardino	Ogród
Ingrediente	Składnik
Lavanda	Lawenda
Maggiorana	Majeranek
Menta	Mięta
Origano	Oregano
Prezzemolo	Pietruszka
Qualità	Jakość
Rosmarino	Rozmaryn
Timo	Tymianek
Verde	Zielony
Zafferano	Szafran

Escursionismo
Turystyka Piesza

Acqua	Woda
Animali	Zwierząt
Campeggio	Kemping
Clima	Klimat
Guide	Przewodniki
Mappa	Mapa
Montagna	Góra
Natura	Natura
Orientamento	Orientacja
Parchi	Parki
Pericoli	Zagrożenia
Pesante	Ciężki
Pietre	Kamienie
Preparazione	Przygotowanie
Scogliera	Klif
Selvaggio	Dziki
Sole	Słońce
Stanco	Zmęczony
Stivali	Buty
Vertice	Szczyt

Famiglia
Rodzina

Antenato	Przodek
Bambini	Dzieci
Bambino	Dziecko
Cugino	Kuzyn
Figlia	Córka
Fratello	Brat
Infanzia	Dzieciństwo
Madre	Matka
Marito	Mąż
Materno	Macierzyński
Moglie	Żona
Nipote	Bratanek
Nipote	Wnuk
Nonna	Babcia
Nonno	Dziadek
Padre	Ojciec
Paterno	Ojcowski
Sorella	Siostra
Zia	Ciotka
Zio	Wujek

Fantascienza
Fantastyka Naukowa

Atomico	Atomowy
Cinema	Kino
Distopia	Dystopia
Esplosione	Wybuch
Estremo	Skrajny
Fantastico	Fantastyczny
Fuoco	Ogień
Futuristico	Futurystyczny
Galassia	Galaktyka
Illusione	Iluzja
Immaginario	Wyimaginowany
Libri	Książki
Misterioso	Tajemniczy
Mondo	Świat
Oracolo	Wyrocznia
Pianeta	Planeta
Realistico	Realistyczny
Robot	Roboty
Tecnologia	Technologia
Utopia	Utopia

Fattoria #1
Gospodarstwo #1

Acqua	Woda
Agricoltura	Rolnictwo
Ape	Pszczoła
Asino	Osioł
Campo	Pole
Cane	Pies
Capra	Koza
Cavallo	Koń
Fertilizzante	Nawóz
Fieno	Siano
Gatto	Kot
Gregge	Stado
Maiale	Świnia
Miele	Miód
Mucca	Krowa
Pollo	Kurczak
Recinto	Ogrodzenie
Riso	Ryż
Semi	Nasiona
Vitello	Cielę

Fattoria #2
Gospodarstwo #2

Agnello	Jagnię
Agricoltore	Rolnik
Alveare	Ul
Anatra	Kaczka
Animali	Zwierząt
Cibo	Żywność
Fienile	Stodoła
Frutta	Owoc
Frutteto	Sad
Grano	Pszenica
Irrigazione	Nawadnianie
Lama	Lama
Latte	Mleko
Mais	Kukurydza
Oche	Gęsi
Orzo	Jęczmień
Pastore	Pasterz
Pecora	Owce
Prato	Łąka
Trattore	Ciągnik

Filantropia
Filantropia

Bambini	Dzieci
Bisogno	Potrzeba
Carità	Dobroczynność
Comunità	Społeczność
Contatti	Łączność
Finanza	Finanse
Fondi	Fundusze
Generosità	Hojność
Gioventù	Młodzież
Globale	Światowy
Gruppi	Grupy
Missione	Misja
Obiettivi	Cele
Onestà	Uczciwość
Persone	Ludzie
Programmi	Programy
Pubblico	Publiczny
Sfide	Wyzwania
Storia	Historia
Umanità	Ludzkość

Fiori
Kwiaty

Gardenia	Gardenia
Gelsomino	Jaśmin
Giglio	Lilia
Girasole	Słonecznik
Ibisco	Hibiskus
Lavanda	Lawenda
Lilla	Liliowy
Magnolia	Magnolia
Margherita	Stokrotka
Mazzo	Bukiet
Narciso	Żonkil
Orchidea	Orchidea
Papavero	Mak
Passiflora	Passionflower
Peonia	Piwonia
Petalo	Płatek
Plumeria	Plumeria
Rosa	Róża
Trifoglio	Koniczyna
Tulipano	Tulipan

Fisica
Fizyka

Atomo	Atom
Caos	Chaos
Chimico	Chemiczny
Densità	Gęstość
Elettrone	Elektron
Espansione	Ekspansja
Formula	Formuła
Frequenza	Częstotliwość
Gas	Gaz
Gravità	Grawitacja
Magnetismo	Magnetyzm
Meccanica	Mechanika
Molecola	Cząsteczka
Motore	Silnik
Nucleare	Jądrowy
Particella	Cząstka
Relatività	Względność
Universale	Uniwersalny
Variabile	Zmienna
Velocità	Prędkość

Forme
Kształty

Angolo	Narożnik
Arco	Łuk
Bordi	Krawędzie
Cerchio	Koło
Cilindro	Cylinder
Cono	Stożek
Cubo	Sześcian
Curva	Krzywa
Ellisse	Elipsa
Iperbole	Hiperbola
Lato	Bok
Linea	Linia
Ovale	Owal
Piramide	Piramida
Poligono	Wielokąt
Prisma	Pryzmat
Quadrato	Kwadrat
Rettangolo	Prostokąt
Sfera	Kula
Triangolo	Trójkąt

Forniture Artistiche
Materiały Artystyczne

Acqua	Woda
Acquerelli	Akwarele
Acrilico	Akryl
Argilla	Glina
Carta	Papier
Cavalletto	Sztaluga
Colla	Klej
Colori	Kolory
Creatività	Kreatywność
Gomma	Gumka
Idee	Pomysły
Inchiostro	Atrament
Matite	Ołówki
Olio	Olej
Pastelli	Pastele
Sedia	Krzesło
Spazzole	Pędzle
Tavolo	Stół
Telecamera	Kamera
Vernici	Farby

Forza e Gravità
Siła i Grawitacja

Asse	Oś
Attrito	Tarcie
Centro	Centrum
Dinamico	Dynamiczny
Distanza	Odległość
Espansione	Ekspansja
Fisica	Fizyka
Impatto	Wpływ
Magnetismo	Magnetyzm
Meccanica	Mechanika
Movimento	Ruch
Orbita	Orbita
Peso	Waga
Pianeti	Planety
Pressione	Ciśnienie
Proprietà	Właściwości
Scoperta	Odkrycie
Tempo	Czas
Universale	Uniwersalny
Velocità	Prędkość

Frutta
Owoce

Albicocca	Morela
Ananas	Ananas
Arancia	Pomarańczowy
Avocado	Awokado
Bacca	Jagoda
Banana	Banan
Ciliegia	Wiśnia
Kiwi	Kiwi
Lampone	Malina
Limone	Cytryna
Mango	Mango
Mela	Jabłko
Melone	Melon
Mora	Jeżyna
Nettarina	Nektaryna
Papaia	Papaja
Pera	Gruszka
Pesca	Brzoskwinia
Prugna	Śliwka
Uva	Winogrono

Geografia
Geografia

Altitudine	Wysokość
Atlante	Atlas
Città	Miasto
Continente	Kontynent
Elevazione	Podniesienie
Emisfero	Półkula
Fiume	Rzeka
Isola	Wyspa
Mappa	Mapa
Mare	Morze
Meridiano	Południk
Mondo	Świat
Montagna	Góra
Nord	Północ
Oceano	Ocean
Ovest	Zachód
Paese	Kraj
Regione	Region
Sud	Południe
Territorio	Terytorium

Geologia
Geologia

Acido	Kwas
Altopiano	Płaskowyż
Calcio	Wapń
Caverna	Grota
Continente	Kontynent
Corallo	Koral
Cristalli	Kryształy
Erosione	Erozja
Fossile	Skamieniałość
Geyser	Gejzer
Lava	Lawa
Minerali	Minerały
Pietra	Kamień
Quarzo	Kwarc
Sale	Sól
Stalagmiti	Stalagmity
Stalattite	Stalaktyt
Strato	Warstwa
Vulcano	Wulkan
Zona	Strefa

Geometria
Geometria

Altezza	Wysokość
Angolo	Kąt
Calcolo	Obliczeń
Cerchio	Koło
Curva	Krzywa
Diametro	Średnica
Dimensione	Wymiar
Equazione	Równanie
Logica	Logika
Mediano	Mediana
Numero	Numer
Orizzontale	Poziomy
Parallelo	Równoległy
Proporzione	Proporcja
Segmento	Człon
Simmetria	Symetria
Superficie	Powierzchnia
Teoria	Teoria
Triangolo	Trójkąt
Verticale	Pionowy

Giardinaggio
Prace Ogrodowe

Acqua	Woda
Botanico	Botaniczny
Clima	Klimat
Commestibile	Jadalny
Compost	Kompost
Contenitore	Pojemnik
Esotico	Egzotyczny
Fiorire	Kwitnąć
Floreale	Kwiatowy
Foglia	Liść
Fogliame	Liści
Frutteto	Sad
Mazzo	Bukiet
Semi	Nasiona
Specie	Gatunek
Sporco	Brud
Stagionale	Sezonowy
Suolo	Gleba
Tubo	Wąż
Umidità	Wilgoć

Giardino
Ogród

Albero	Drzewo
Amaca	Hamak
Cespuglio	Krzak
Erba	Trawa
Erbacce	Chwasty
Fiore	Kwiat
Frutteto	Sad
Garage	Garaż
Giardino	Ogród
Pala	Łopata
Panca	Ławka
Prato	Trawnik
Rastrello	Grabie
Recinto	Ogrodzenie
Stagno	Staw
Suolo	Gleba
Terrazza	Taras
Trampolino	Trampolina
Tubo	Wąż
Vite	Winorośl

Giorni e Mesi
Dni i Miesiące

Agosto	Sierpień
Anno	Rok
Aprile	Kwiecień
Calendario	Kalendarz
Dicembre	Grudzień
Domenica	Niedziela
Febbraio	Luty
Gennaio	Styczeń
Giugno	Czerwiec
Luglio	Lipiec
Lunedì	Poniedziałek
Martedì	Wtorek
Mercoledì	Środa
Mese	Miesiąc
Novembre	Listopad
Ottobre	Październik
Sabato	Sobota
Settembre	Wrzesień
Settimana	Tydzień
Venerdì	Piątek

Governo
Rząd

Capo	Lider
Cittadinanza	Obywatelstwo
Civile	Cywilny
Costituzione	Konstytucja
Democrazia	Demokracja
Diritti	Prawa
Discorso	Mowa
Discussione	Dyskusja
Giudiziario	Sądowy
Indipendenza	Niezależność
Legge	Prawo
Libertà	Wolność
Monumento	Pomnik
Nazionale	Krajowe
Nazione	Naród
Politica	Polityka
Quartiere	Dzielnica
Simbolo	Symbol
Stato	Stan
Uguaglianza	Równość

Guida
Prowadzenie Pojazdów

Attenzione	Ostrożność
Autista	Kierowca
Auto	Samochód
Autobus	Autobus
Carburante	Paliwo
Freni	Hamulce
Garage	Garaż
Gas	Gaz
Incidente	Wypadek
Licenza	Licencja
Mappa	Mapa
Moto	Motocykl
Motore	Silnik
Pedonale	Pieszy
Polizia	Policja
Strada	Ulica
Traffico	Ruch Drogowy
Trasporto	Transport
Tunnel	Tunel
Velocità	Prędkość

I Media
Media

Commerciale	Komercyjne
Comunicazione	Komunikacja
Digitale	Cyfrowy
Edizione	Wydanie
Educazione	Edukacja
Fatti	Fakty
Finanziamento	Finansowanie
Foto	Zdjęcia
Giornali	Gazety
Individuale	Indywidualne
Industria	Przemysł
Intellettuale	Intelektualny
Locale	Lokalny
Online	Online
Opinione	Opinia
Pubblicità	Reklamy
Pubblico	Publiczny
Radio	Radio
Rete	Sieć
Televisione	Telewizja

Imbarcazioni
Łodzie

Albero	Maszt
Ancora	Kotwica
Barca a Vela	Żaglówka
Boa	Boja
Canoa	Kajak
Corda	Lina
Equipaggio	Załoga
Fiume	Rzeka
Lago	Jezioro
Mare	Morze
Marea	Fala
Marinaio	Marynarz
Marittimo	Morski
Motore	Silnik
Nautico	Nautyczny
Oceano	Ocean
Onde	Fale
Traghetto	Prom
Yacht	Jacht
Zattera	Tratwa

Ingegneria
Inżynieria

Angolo	Kąt
Asse	Oś
Calcolo	Obliczeń
Costruzione	Budowa
Diagramma	Diagram
Diametro	Średnica
Diesel	Diesel
Distribuzione	Dystrybucja
Energia	Energia
Forza	Siła
Leve	Dźwignie
Liquido	Ciecz
Macchina	Maszyna
Misurazione	Pomiar
Motore	Silnik
Profondità	Głębokość
Propulsione	Napęd
Rotazione	Obrót
Stabilità	Stabilność
Struttura	Struktura

Insetti
Owady

Afide	Mszyca
Ape	Pszczoła
Calabrone	Szerszeń
Cavalletta	Konik Polny
Cicala	Cykada
Coccinella	Biedronka
Coleottero	Chrząszcz
Falena	Ćma
Farfalla	Motyl
Formica	Mrówka
Larva	Larwa
Libellula	Ważka
Locusta	Szarańcza
Mantide	Modliszka
Pulce	Pchła
Scarafaggio	Karaluch
Termite	Termit
Verme	Robak
Vespa	Osa
Zanzara	Komar

Jazz
Jazz

Album	Album
Applauso	Oklaski
Artista	Artysta
Canzone	Piosenka
Compositore	Kompozytor
Composizione	Kompozycja
Concerto	Koncert
Enfasi	Nacisk
Famoso	Sławny
Genere	Gatunek
Improvvisazione	Improwizacja
Musica	Muzyka
Nuovo	Nowy
Orchestra	Orkiestra
Preferiti	Ulubione
Ritmo	Rytm
Stile	Styl
Talento	Talent
Tecnica	Technika
Vecchio	Stary

L'Azienda
Przedsiębiorstwo

Creativo	Twórczy
Decisione	Decyzja
Globale	Światowy
Industria	Przemysł
Innovativo	Innowacyjny
Investimento	Inwestycja
Occupazione	Zatrudnienie
Possibilità	Możliwość
Presentazione	Prezentacja
Prodotto	Produkt
Professionale	Profesjonalny
Progresso	Postęp
Qualità	Jakość
Reddito	Przychód
Reputazione	Reputacja
Rischi	Ryzyka
Risorse	Zasoby
Salari	Wynagrodzenie
Tendenze	Trendy
Unità	Jednostki

Letteratura
Literatura

Analisi	Analiza
Analogia	Analogia
Aneddoto	Anegdota
Autore	Autor
Biografia	Biografia
Conclusione	Wniosek
Confronto	Porównanie
Descrizione	Opis
Dialogo	Dialog
Genere	Gatunek
Metafora	Metafora
Opinione	Opinia
Poesia	Wiersz
Poetico	Poetycki
Rima	Rym
Ritmo	Rytm
Romanzo	Powieść
Stile	Styl
Tema	Temat
Tragedia	Tragedia

Libri
Książki

Autore	Autor
Avventura	Przygoda
Collezione	Kolekcja
Contesto	Kontekst
Dualità	Dualizm
Epico	Epicki
Inventivo	Wynalazczy
Letterario	Literacki
Lettore	Czytelnik
Narratore	Narrator
Pagina	Strona
Poesia	Poezja
Rilevante	Istotne
Romanzo	Powieść
Scritto	Pisemny
Serie	Seria
Storia	Historia
Storico	Historyczny
Tragico	Tragiczny
Umoristico	Humorystyczny

Malattia
Choroby

Acuto	Ostry
Addominale	Brzuszny
Allergie	Alergie
Benessere	Wellness
Contagioso	Zaraźliwy
Corpo	Ciało
Cronico	Chroniczny
Cuore	Serce
Debole	Słaby
Ereditario	Dziedziczny
Genetico	Genetyczny
Immunità	Odporność
Infiammazione	Zapalenie
Lombare	Lędźwiowy
Neuropatia	Neuropatia
Polmonare	Płucny
Respiratorio	Oddechowy
Salute	Zdrowie
Sindrome	Zespół
Terapia	Terapia

Mammiferi
Ssaki

Balena	Wieloryb
Cane	Pies
Canguro	Kangur
Cavallo	Koń
Cervo	Jeleń
Coniglio	Królik
Coyote	Kojot
Delfino	Delfin
Elefante	Słoń
Gatto	Kot
Giraffa	Żyrafa
Gorilla	Goryl
Leone	Lew
Lupo	Wilk
Orso	Niedźwiedź
Pecora	Owce
Scimmia	Małpa
Toro	Byk
Volpe	Lis
Zebra	Zebra

Matematica
Matematyka

Angoli	Kąty
Aritmetica	Arytmetyka
Decimale	Dziesiętny
Diametro	Średnica
Divisione	Podział
Equazione	Równanie
Esponente	Wykładnik
Frazione	Frakcja
Geometria	Geometria
Parallelo	Równoległy
Parallelogramma	Równoległobok
Perimetro	Obwód
Poligono	Wielokąt
Quadrato	Kwadrat
Raggio	Promień
Rettangolo	Prostokąt
Simmetria	Symetria
Somma	Suma
Triangolo	Trójkąt
Volume	Objętość

Meditazione
Medytacja

Accettazione	Przyjęcie
Attenzione	Uwaga
Calma	Spokój
Chiarezza	Przejrzystość
Compassione	Współczucie
Emozioni	Emocje
Gentilezza	Życzliwość
Gratitudine	Wdzięczność
Mentale	Psychiczny
Mente	Umysł
Movimento	Ruch
Musica	Muzyka
Natura	Natura
Osservazione	Obserwacja
Pace	Pokój
Pensieri	Myśli
Postura	Postawa
Prospettiva	Perspektywa
Respirazione	Oddechowy
Silenzio	Cisza

Misurazioni
Pomiary

Altezza	Wysokość
Byte	Bajt
Centimetro	Centymetr
Chilogrammo	Kilogram
Chilometro	Kilometr
Decimale	Dziesiętny
Grado	Stopień
Grammo	Gram
Larghezza	Szerokość
Litro	Litr
Lunghezza	Długość
Massa	Masa
Metro	Metr
Minuto	Minuta
Oncia	Uncja
Peso	Waga
Pollice	Cal
Profondità	Głębokość
Tonnellata	Tona
Volume	Objętość

Mitologia
Mitologia

Archetipo	Archetyp
Comportamento	Zachowanie
Creatura	Stworzenie
Creazione	Kreacja
Credenze	Wierzenia
Cultura	Kultura
Disastro	Katastrofa
Divinità	Bóstw
Eroe	Bohater
Forza	Siła
Fulmine	Piorun
Gelosia	Zazdrość
Guerriero	Wojownik
Labirinto	Labirynt
Leggenda	Legenda
Magico	Magiczny
Mortale	Śmiertelny
Mostro	Potwór
Tuono	Grzmot
Vendetta	Zemsta

Moda
Moda

Abbigliamento	Odzież
Boutique	Butik
Caro	Drogi
Confortevole	Wygodny
Elegante	Elegancki
Misure	Pomiary
Modello	Wzór
Moderno	Nowoczesny
Modesto	Skromny
Originale	Oryginał
Pizzo	Koronki
Pratico	Praktyczny
Pulsanti	Przyciski
Ricamo	Haft
Semplice	Prosty
Sofisticato	Wyrafinowany
Stile	Styl
Tendenza	Tendencja
Tessuto	Tkanina
Trama	Tekstura

Musica
Muzyka

Album	Album
Armonia	Harmonia
Armonico	Harmoniczny
Ballata	Ballada
Cantante	Piosenkarz
Cantare	Śpiewać
Classico	Klasyczny
Coro	Chór
Lirico	Liryczny
Melodia	Melodia
Microfono	Mikrofon
Musicale	Musical
Musicista	Muzyk
Opera	Opera
Poetico	Poetycki
Registrazione	Nagranie
Ritmico	Rytmiczny
Ritmo	Rytm
Strumento	Instrument
Vocale	Wokal

Natura
Przyroda

Animali	Zwierząt
Api	Pszczoły
Artico	Arktyczny
Bellezza	Piękno
Deserto	Pustynia
Dinamico	Dynamiczny
Erosione	Erozja
Fiume	Rzeka
Fogliame	Liści
Foresta	Las
Ghiacciaio	Lodowiec
Montagne	Góry
Nebbia	Mgła
Nuvole	Chmury
Rifugio	Schronienie
Santuario	Sanktuarium
Selvaggio	Dziki
Sereno	Spokojny
Tropicale	Tropikalny
Vitale	Istotne

Numeri
Liczby

Cinque	Pięć
Decimale	Dziesiętny
Diciassette	Siedemnaście
Diciotto	Osiemnaście
Dieci	Dziesięć
Dodici	Dwanaście
Due	Dwa
Nove	Dziewięć
Otto	Osiem
Quattordici	Czternaście
Quattro	Cztery
Quindici	Piętnaście
Sedici	Szesnaście
Sei	Sześć
Sette	Siedem
Tre	Trzy
Tredici	Trzynaście
Uno	Jeden
Venti	Dwadzieścia
Zero	Zero

Nutrizione
Odżywianie

Amaro	Gorzki
Appetito	Apetyt
Bilanciato	Zrównoważony
Calorie	Kalorie
Carboidrati	Węglowodany
Commestibile	Jadalny
Dieta	Dieta
Digestione	Trawienie
Fermentazione	Fermentacja
Gusto	Smak
Liquidi	Płyny
Peso	Waga
Proteine	Białka
Qualità	Jakość
Salsa	Sos
Salute	Zdrowie
Sano	Zdrowy
Spezie	Przyprawy
Tossina	Toksyna
Vitamina	Witamina

Oceano
Ocean

Anguilla	Węgorz
Balena	Wieloryb
Barca	Łódź
Corallo	Koral
Delfino	Delfin
Gamberetto	Krewetka
Granchio	Krab
Maree	Pływy
Medusa	Meduza
Onde	Fale
Ostrica	Ostryga
Pesce	Ryba
Polpo	Ośmiornica
Sale	Sól
Scogliera	Rafa
Spugna	Gąbka
Squalo	Rekin
Tartaruga	Żółw
Tempesta	Burza
Tonno	Tuńczyk

Paesaggi
Krajobrazy

Cascata	Wodospad
Collina	Wzgórze
Deserto	Pustynia
Fiume	Rzeka
Geyser	Gejzer
Ghiacciaio	Lodowiec
Grotta	Jaskinia
Iceberg	Góra Lodowa
Isola	Wyspa
Lago	Jezioro
Mare	Morze
Montagna	Góra
Oasi	Oaza
Oceano	Ocean
Palude	Bagno
Penisola	Półwysep
Spiaggia	Plaża
Tundra	Tundra
Valle	Dolina
Vulcano	Wulkan

Paesi #1
Kraje # 1

Brasile	Brazylia
Cambogia	Kambodża
Canada	Kanada
Egitto	Egipt
Finlandia	Finlandia
Germania	Niemcy
India	Indie
Iraq	Irak
Israele	Izrael
Libia	Libia
Mali	Mali
Marocco	Maroko
Norvegia	Norwegia
Panama	Panama
Polonia	Polska
Romania	Rumunia
Senegal	Senegal
Spagna	Hiszpania
Venezuela	Wenezuela
Vietnam	Wietnam

Paesi #2
Kraje # 2

Albania	Albania
Danimarca	Dania
Etiopia	Etiopia
Giamaica	Jamajka
Giappone	Japonia
Grecia	Grecja
Haiti	Haiti
Indonesia	Indonezja
Irlanda	Irlandia
Laos	Laos
Liberia	Liberia
Messico	Meksyk
Nepal	Nepal
Nigeria	Nigeria
Pakistan	Pakistan
Russia	Rosja
Siria	Syria
Sudan	Sudan
Ucraina	Ukraina
Uganda	Uganda

Piante
Rośliny

Albero	Drzewo
Bacca	Jagoda
Bambù	Bambus
Botanica	Botanika
Cactus	Kaktus
Cespuglio	Krzak
Crescere	Rosnąć
Edera	Bluszcz
Erba	Trawa
Fagiolo	Fasola
Fertilizzante	Nawóz
Fiore	Kwiat
Flora	Flora
Fogliame	Liści
Foresta	Las
Giardino	Ogród
Muschio	Mech
Petalo	Płatek
Radice	Źródło
Vegetazione	Roślinność

Professioni #1
Zawody # 1

Allenatore	Trener
Ambasciatore	Ambasador
Artista	Artysta
Astronomo	Astronom
Avvocato	Prawnik
Ballerino	Tancerz
Banchiere	Bankier
Cacciatore	Myśliwy
Cartografo	Kartograf
Editore	Redaktor
Farmacista	Farmaceuta
Geologo	Geolog
Gioielliere	Jubiler
Idraulico	Hydraulik
Infermiera	Pielęgniarka
Marinaio	Marynarz
Musicista	Muzyk
Pianista	Pianista
Psicologo	Psycholog
Scienziato	Naukowiec

Professioni #2
Zawody # 2

Astronauta	Astronauta
Bibliotecario	Bibliotekarz
Biologo	Biolog
Chirurgo	Chirurg
Dentista	Dentysta
Detective	Detektyw
Filosofo	Filozof
Fotografo	Fotograf
Giardiniere	Ogrodnik
Giornalista	Dziennikarz
Illustratore	Ilustrator
Ingegnere	Inżynier
Insegnante	Nauczyciel
Inventore	Wynalazca
Linguista	Językoznawca
Medico	Lekarz
Pilota	Pilot
Pittore	Malarz
Ricercatore	Badacz
Zoologo	Zoolog

Psicologia
Psychologia

Appuntamento	Spotkanie
Clinico	Kliniczny
Cognizione	Poznanie
Comportamento	Zachowanie
Conflitto	Konflikt
Ego	Ego
Emozioni	Emocje
Esperienze	Doświadczenia
Idee	Pomysły
Inconscio	Nieprzytomny
Infanzia	Dzieciństwo
Pensieri	Myśli
Percezione	Postrzeganie
Personalità	Osobowość
Problema	Problem
Realtà	Rzeczywistość
Sensazione	Uczucie
Subconscio	Podświadomy
Terapia	Terapia
Valutazione	Ocena

Riempire
Do Wypełnienia

Bacino	Basen
Barile	Beczka
Borsa	Torba
Bottiglia	Butelka
Busta	Koperta
Cartella	Folder
Cartone	Karton
Cassa	Skrzynia
Cassetto	Szuflada
Cesto	Kosz
Nave	Naczynie
Pacchetto	Pakiet
Scatola	Pudełko
Secchio	Wiadro
Tasca	Kieszeń
Tubo	Rura
Valigia	Walizka
Vasca	Wanna
Vaso	Wazon
Vassoio	Taca

Riscaldamento Globale
Globalne Ocieplenie

Ambientale	Środowisko
Artico	Arktyczny
Attenzione	Uwaga
Clima	Klimat
Conseguenze	Konsekwencje
Crisi	Kryzys
Dati	Dane
Energia	Energia
Futuro	Przyszłość
Gas	Gaz
Generazioni	Pokolenia
Governo	Rząd
Habitat	Siedliska
Industria	Przemysł
Legislazione	Ustawodawstwo
Ora	Teraz
Popolazioni	Populacje
Scienziato	Naukowiec
Sviluppo	Rozwój
Temperature	Temperatury

Ristorante #1
Restauracja # 1

Allergia	Alergia
Caffè	Kawa
Cameriera	Kelnerka
Carne	Mięso
Cassiere	Kasjer
Cibo	Żywność
Ciotola	Miska
Coltello	Nóż
Cucina	Kuchnia
Dessert	Deser
Ingredienti	Składniki
Mangiare	Jeść
Menù	Menu
Pane	Chleb
Piatto	Talerz
Piccante	Pikantny
Pollo	Kurczak
Prenotazione	Rezerwacja
Salsa	Sos
Tovagliolo	Serwetka

Salute e Benessere #1
Zdrowie i Wellness # 1

Abitudine	Nawyk
Altezza	Wysokość
Attivo	Aktywny
Batteri	Bakteria
Clinica	Klinika
Fame	Głód
Farmacia	Apteka
Frattura	Złamanie
Medicina	Medycyna
Medico	Lekarz
Muscoli	Mięśnie
Nervi	Nerwy
Ormoni	Hormony
Pelle	Skóra
Postura	Postawa
Riflesso	Odruch
Rilassamento	Relaks
Terapia	Terapia
Trattamento	Leczenie
Virus	Wirus

Salute e Benessere #2
Zdrowie i Wellness # 2

Allergia	Alergia
Anatomia	Anatomia
Appetito	Apetyt
Caloria	Kaloria
Corpo	Ciało
Dieta	Dieta
Digestione	Trawienie
Disidratazione	Odwodnienie
Energia	Energia
Genetica	Genetyka
Igiene	Higiena
Infezione	Infekcja
Malattia	Choroba
Massaggio	Masaż
Nutrizione	Odżywianie
Ospedale	Szpital
Peso	Waga
Sangue	Krew
Sano	Zdrowy
Vitamina	Witamina

Scienza
Nauki Ścisłe

Atomo	Atom
Chimico	Chemiczny
Clima	Klimat
Dati	Dane
Esperimento	Eksperyment
Evoluzione	Ewolucja
Fatto	Fakt
Fisica	Fizyka
Fossile	Skamieniałość
Gravità	Grawitacja
Ipotesi	Hipoteza
Laboratorio	Laboratorium
Metodo	Metoda
Minerali	Minerały
Molecole	Cząsteczki
Natura	Natura
Organismo	Organizm
Osservazione	Obserwacja
Particelle	Cząstki
Scienziato	Naukowiec

Spezie
Przyprawy

Aglio	Czosnek
Amaro	Gorzki
Anice	Anyż
Cannella	Cynamon
Cardamomo	Kardamon
Cipolla	Cebula
Coriandolo	Kolendra
Cumino	Kminek
Curcuma	Kurkuma
Curry	Curry
Dolce	Słodkie
Finocchio	Koper Włoski
Gusto	Smak
Liquirizia	Lukrecja
Paprika	Papryka
Pepe	Pieprz
Sale	Sól
Vaniglia	Wanilia
Zafferano	Szafran
Zenzero	Imbir

Sport
Sport

Allenatore	Trener
Atleta	Atleta
Capacità	Zdolność
Ciclismo	Kolarstwo
Corpo	Ciało
Danza	Taniec
Dieta	Dieta
Forza	Siła
Jogging	Jogging
Massimizzare	Wyolbrzymiać
Metabolico	Metaboliczne
Muscoli	Mięśnie
Nuotare	Pływać
Nutrizione	Odżywianie
Obiettivo	Cel
Ossa	Kości
Programma	Program
Resistenza	Wytrzymałość
Salute	Zdrowie
Sportivo	Sporty

Strumenti Musicali
Instrumenty Muzyczne

Armonica	Harmonijka
Arpa	Harfa
Banjo	Banjo
Chitarra	Gitara
Clarinetto	Klarnet
Fagotto	Fagot
Flauto	Flet
Gong	Gong
Mandolino	Mandolina
Marimba	Marimba
Oboe	Obój
Percussione	Perkusja
Pianoforte	Pianino
Sassofono	Saksofon
Tamburello	Tamburyn
Tamburo	Bęben
Tromba	Trąbka
Trombone	Puzon
Violino	Skrzypce
Violoncello	Wiolonczela

Tempo
Czas

Anno	Rok
Annuale	Roczne
Calendario	Kalendarz
Decennio	Dekada
Dopo	Po
Futuro	Przyszłość
Giorno	Dzień
Ieri	Wczoraj
Mattina	Rano
Mese	Miesiąc
Mezzogiorno	Południe
Minuto	Minuta
Notte	Noc
Oggi	Dzisiaj
Ora	Godzina
Orologio	Zegar
Presto	Wkrótce
Prima	Przed
Secolo	Stulecie
Settimana	Tydzień

Tipi di Capelli
Rodzaje Włosów

Argento	Srebro
Asciutto	Suchy
Bianco	Biały
Biondo	Blond
Breve	Krótki
Calvo	Łysy
Colorato	Kolorowe
Grigio	Szary
Intrecciato	Pleciony
Liscio	Gładki
Lungo	Długie
Marrone	Brązowy
Morbido	Miękki
Nero	Czarny
Riccio	Kręcone
Riccioli	Loki
Sano	Zdrowy
Sottile	Cienki
Spessore	Gruby
Trecce	Warkocze

Uccelli
Ptaki

Airone	Czapla
Anatra	Kaczka
Aquila	Orzeł
Cicogna	Bocian
Cigno	Łabędź
Cuculo	Kukułka
Falco	Jastrząb
Fenicottero	Flaming
Gabbiano	Mewa
Oca	Gęś
Pappagallo	Papuga
Passero	Wróbel
Pavone	Paw
Pellicano	Pelikan
Piccione	Gołąb
Pinguino	Pingwin
Pollo	Kurczak
Struzzo	Struś
Tucano	Tukan
Uovo	Jajko

Universo
Wszechświat

Asteroide	Asteroida
Astronomia	Astronomia
Astronomo	Astronom
Atmosfera	Atmosfera
Buio	Ciemność
Celeste	Niebiański
Cielo	Niebo
Cosmico	Kosmiczny
Emisfero	Półkula
Eone	Eon
Equatore	Równik
Galassia	Galaktyka
Luna	Księżyc
Orbita	Orbita
Orizzonte	Horyzont
Solare	Słoneczny
Solstizio	Przesilenie
Telescopio	Teleskop
Visibile	Widoczny
Zodiaco	Zodiak

Vacanze #2
Wakacje # 2

Aeroporto	Lotnisko
Campeggio	Kemping
Foto	Zdjęcia
Hotel	Hotel
Isola	Wyspa
Mappa	Mapa
Mare	Morze
Montagne	Góry
Passaporto	Paszport
Ristorante	Restauracja
Spiaggia	Plaża
Straniero	Cudzoziemiec
Taxi	Taxi
Tempo Libero	Wypoczynek
Tenda	Namiot
Trasporto	Transport
Treno	Pociąg
Vacanza	Wakacje
Viaggio	Podróż
Visto	Wiza

Veicoli
Pojazdy

Aereo	Samolot
Ambulanza	Ambulans
Auto	Samochód
Autobus	Autobus
Barca	Łódź
Bicicletta	Rower
Camion	Ciężarówka
Caravan	Karawana
Elicottero	Śmigłowiec
Metropolitana	Metro
Motore	Silnik
Pneumatici	Opony
Razzo	Rakieta
Scooter	Skuter
Sottomarino	Łódź Podwodna
Taxi	Taxi
Traghetto	Prom
Trattore	Ciągnik
Treno	Pociąg
Zattera	Tratwa

Verdure
Warzywa

Aglio	Czosnek
Broccolo	Brokuły
Carciofo	Karczoch
Carota	Marchewka
Cetriolo	Ogórek
Cipolla	Cebula
Fungo	Grzyb
Insalata	Sałatka
Melanzana	Bakłażan
Patata	Ziemniak
Pisello	Groch
Pomodoro	Pomidor
Prezzemolo	Pietruszka
Rapa	Rzepa
Ravanello	Rzodkiewka
Scalogno	Szalotka
Sedano	Seler
Spinaci	Szpinak
Zenzero	Imbir
Zucca	Dynia

Vestiti
Ubrania

Abito	Sukienka
Braccialetto	Bransoletka
Camicetta	Bluza
Camicia	Koszula
Cappello	Kapelusz
Cappotto	Płaszcz
Cintura	Pas
Collana	Naszyjnik
Giacca	Kurtka
Gonna	Spódnica
Grembiule	Fartuch
Guanti	Rękawiczki
Jeans	Dżinsy
Maglione	Sweter
Moda	Moda
Pantaloni	Spodnie
Pigiama	Piżama
Sandali	Sandały
Scarpa	But
Sciarpa	Szalik

Congratulazioni

Ce l'hai fatta!

Speriamo che questo libro vi sia piaciuto tanto quanto a noi è piaciuto concepirlo. Ci sforziamo di creare libri della più alta qualità possibile.
Questa edizione è progettata per fornire un apprendimento intelligente, di qualità e divertente!

Le è piaciuto questo libro?

Una Semplice Richiesta

Questi libri esistono grazie alle recensioni che pubblicate.

Puoi aiutarci lasciando una recensione
ora a questo link ?

BestBooksActivity.com/Recensioni50

SFIDA FINALE!

Sfida n°1

Sei pronto per il tuo gioco gratuito? Li usiamo sempre, ma non sono così facili da trovare - ecco i Sinonimi!
Scrivi 5 parole che hai trovato nei puzzle (n° 21, n° 36, n° 76) e prova a trovare 2 sinonimi per ogni parola.

Scrivi 5 parole del ***Puzzle 21***

Parole	Sinonimo 1	Sinonimo 2

Scrivi 5 parole del ***Puzzle 36***

Parole	Sinonimo 1	Sinonimo 2

Scrivi 5 parole del ***Puzzle 76***

Parole	Sinonimo 1	Sinonimo 2

Sfida n°2

Ora che ti sei riscaldato, scrivi 5 parole che hai trovato nei puzzle n° 9, n° 17 e n° 25 e cerca di trovare 2 contrari per ogni parola. Quanti ne puoi trovare in 20 minuti?

Scrivi 5 parole del ***Puzzle 9***

Parole	Antonimo 1	Antonimo 2

Scrivi 5 parole del ***Puzzle 17***

Parole	Antonimo 1	Antonimo 2

Scrivi 5 parole del ***Puzzle 25***

Parole	Antonimo 1	Antonimo 2

Sfida n°3

Grande! Questa sfida  non è niente per te!

Pronto per la sfida finale? Scegli 10 parole che hai scoperto nei diversi puzzle e scrivile qui sotto.

1.	6.
2.	7.
3.	8.
4.	9.
5.	10.

Ora scrivi un testo pensando a una persona, un animale o un luogo che ti piace.

Puoi usare l'ultima pagina di questo libro come bozza.

La tua composizione:

TACCUINO:

A PRESTO!

Tutta la Squadra

SCOPRIRE GIOCHI GRATIS

GO

↓

BESTACTIVITYBOOKS.COM/FREEGAMES

www.ingramcontent.com/pod-product-compliance
Lightning Source LLC
Chambersburg PA
CBHW082049120626
46553CB00011B/3323
9798896707554